ARRESTS, ARRESTÉS,

ET

REMONTRANCES

DU

PARLEMENT

AU ROI,

Au sujet des Entreprises du Grand-Conseil.

Du 27 Novembre 1755.

M DCC LV.

8º Z le Senne 12276

Extrait des Regiſtres du Parlement.

Du premier Octobre 1755.

VU par la Cour , toutes les Chambres
affemblées, la Requête préſentée
par le Procureur Général du Roi , contenant que la Cour vient de lui faire
remettre pluſieurs Piéces , qui font différens commandemens du 26 Septembre
de la préſente année 1755 , faits tant à
Neret , Greffier Criminel du Châtelet ,
qu'à Chenu , Commiſſaire audit Châtelet , d'apporter au Greffe du Grand-Conſeil , les minutes des charges & informations , & autres procédures faites au
Châtelet : & par la communication qu'il
a priſe deſdits commandemens , il a reconnu que les contraintes qui ſe faiſoient
contre leſdits Officiers , étoient contraires à toutes les Ordonnances , & aux
Arrêts & Réglemens de la Cour. Le Procureur Général du Roi a eu en outre
avis que ledit Neret , Greffier, avoit été
arrêté ce matin , & que les minutes dont
il étoit dépoſitaire, avoient été enlevées.
Et comme il ne peut ſe diſpenſer de s'élever contre un pareil procédé , & de dé-

a

mander l'exécution defdites Ordonnances , Arrêts & Réglemens de la Cour;
à ces caufes requiert le Procureur Général du Roi , qu'il plaife à la Cour ordonner que les Ordonnances , Arrêts & Ré-
glemens·de la Cour feront exécutés felon. leur forme & teneur ; ce faifant ,
qu'aucune minute de procédures inftruites audit Châtelet ne pourra être déplacée
du Greffe d'içelui , finon dans les cas prévus par lefdites Ordonnances , Arrêts &
Réglemens : & néanmoins pour cette
fois , & fans tirer à conféquence , ordonner qu'à l'effet feulement de procurer la
fûreté des minutes qui font encore entre
les mains dudit Chenu , Commiffaire au
Châtelet , & de pourvoir aux voies de
fait qui pourroient être pratiquées contre
ledit Chenu , lefdites minutes feront par
ledit Chenu remifes au Greffe de la Cour
dans l'heure de la fignification de l'Arrêt
qui interviendra fur ladite Requête à perfonne , ou domicile ; & en cas d'abfence ,
enjoindre au Clerc dudit Chenu , de remettre lefdites minutes entre les mains de
l'Huiffier porteur dudit Arrêt ; quoi faifant , ledit Chenu en demeurera bien &
valablement déchargé ; pour être lefdites
minutes dépofées au Greffe de la Cour ,
& rétablies ainfi & entre les mains de qui

il appartiendra : ce faifant, mettre ledit
Neret, Chenu & fon Clerc, fous la fauve-
garde du Roi & de la Cour, faire défenfes
à tous Huiffiers d'attenter à leurs perfonnes , ou biens, à peine d'être procédé extraordinairement contre les contrevenans;
ordonner qu'expédition dudit Arrêt fera
délivrée audit Chenu , pour lui fervir de
décharge , & avant de ftatuer fur lefdites
voies de fait exercées contre ledit Neret ,
& fur l'enlevement des minutes du Greffe
du Châtelet, ordonner que l'un des Confeillers de la Cour fe tranfportera en la
maifon dudit Neret , actuellement malade
au lit , pour recevoir fa déclaration fur
lefdits excès & enlevement, pour, ce fait,
& ledit procès - verbal communiqué au
Procureur-Général du Roi , être par lui
requis ce qu'il appartiendra : ladite Requête fignée Pierron , Subftitut du Procureur-Général du Roi. Oüi le rapport
de Me. Aymé-Jean-Jacques Severt, Confeiller , tout confidéré :

LA COUR ordonne que les Ordonnances , Arrêts & Réglemens d'icelle ,
feront exécutés felon leur forme & teneur ; ce faifant, qu'aucune minute de
procédures inftruites audit Châtelet ne
pourra être déplacée du Greffe d'icelui ;

finon dans les cas prévus par lefdites Ordonnances, Arrêts & Réglemens : Et néanmoins pour cette fois , & fans tirer à conféquence , ordonne qu'à l'effet feulement de procurer la fûreté des minutes qui font encore entre les mains dudit Chenu , Commiffaire au Châtelet , & de pourvoir aux voies de fait qui pourroient être pratiquées contre ledit Chenu , lefdites minutes feront par ledit Chenu , remifes au Greffe des dépôts Civils de la Cour , dans l'heure de la fignification du préfent Arrêt à perfonne ou domicile ; & en cas d'abfence , enjoint au Clerc dudit Chenu , de remettre lefdites minutes entre les mains de l'Huiffier de la Cour , porteur du préfent Arrêt ; quoi faifant , ledit Chenu en demeurera bien & valablement déchargé , pour être lefdites minutes dépofées au Greffe Civil de la Cour , & rétablies ainfi , & entre les mains de qui il appartiendra ; ce faifant , met ledit Neret , ledit Chenu & fon Clerc fous la fauvegarde du Roi & de la Cour , fait défenfes à tous Huiffiers d'attenter à leurs perfonnes , ou biens , à peine d'être procédé extraordinairement contre les contrevenans : Ordonne qu'expédition du préfent Arrêt fera délivrée audit Chenu , pour lui fervir de déchar-

5

ge; Et avant de ftatuer fur lefdites voies de
fait exercées contre ledit Neret, & fur l'enlevement des minutes du Greffe du Châtelet, ordonne que dans le jour, le Confeiller Rapporteur fe tranfportera en la
maifon dudit Neret, actuellement malade au lit, pour recevoir fa déclaration
fur lefdits excès & enlevement; pour, ce
fait, & ledit procès-verbal communiqué
au Procureur-Général du Roi, être par
lui requis & par la Cour ordonné ce
qu'il appartiendra. Fait en Parlement,
toutes les Chambres affemblées, le premier Octobre 1755.

ARRESTE' du 2 Octobre 1755.

CE jour, toutes les Chambres affemblées, M. le Premier Préfident a dit, que
M. Severt, Confeiller, étoit en état de rendre compte à la Cour de l'exécution de
l'Arrêt rendu hier, toutes les Chambres
affemblées. Et à l'inftant M. Severt a fait
lecture du Procès-verbal fait hier par lui
chez le nommé Neret, Greffier du Châtelet, en exécucion dudit Arrêt, enfemble de la fignification qui en a été faite
par Griveau, Huiffier de la Cour, au
nommé Chenu, Commiffaire, & de la
réponfe faite par ledit Chenu lors de la-

a iv

dite fignification. Il a auffi rendu compte
d'une Requête préfentée par le Procureur Général du Roi , tendante à faire
un Réglement général pour empêcher
l'enlevement des Minutes dépofées dans
les Greffes des Jurifdictions de fon Reffort.
Lecture a été faite de ladite Requête ; &
la matiere mife en délibération :

   LA COUR fait défenfes aux Greffiers & aux autres Officiers , tant du Châtelet de Paris , que des Baillages & Sénéchauffées, & autres Juges du Reffort de
la Cour, de déférer à l'avenir aux ordres
qui leur feroient donnés , & aux pourfuites qui feroient faites contre eux par les
Gens du Grand - Confeil ; leur enjoint
d'informer la Cour defdits ordres & pourfuites , à l'effet d'y être par ladite Cour
ftatué ce qu'il appartiendra : Ordonne
pareillement que par le Greffier des dépôts
de la Cour il fera fait des expéditions des
Procédures extraordinaires faites au Châtelet contre Billard de Vaux , Préfident
au Bureau des Tréforiers de France de
Paris, apportées au Greffe de la Cour,
pour, lefdites Expéditions faites par le
Greffier de la Cour refter au Greffe de
ladite Cour, & celles apportées du Châtelet être remifes , fçavoir celles faites au

Châtelet entre les mains du Greffier du Châtelet, & celles faites par le Commissaire Chenu en celles dudit Commissaire, pour servir & tenir lieu auxdits Officiers de leurs Minutes jusqu'à ce qu'autrement par la Cour en ait été ordonné : Fait défenses tant audit Greffier, qu'audit Commissaire, de s'en déssaisir : Ordonne que le présent Arrêt sera imprimé, lû, publié & affiché par tout où besoin sera, & que Copies collationnées d'icelui seront envoyées aux Greffes des Baillages & Sénéchaussées du Ressort de la Cour, pour y être pareillement lû, publié & regiftré : Enjoint aux Substituts du Procureur Général du Roi d'y tenir la main, & d'en certifier la Cour dans le mois, suivant l'Arrêt particulier qui se trouvera au Regiftre de ce jour.

Ensuite M. Severt a fait lecture des Conclusions prifes par le Procureur Général du Roi, sur l'exécution de l'Arrêt rendu hier; & la matiere mife en délibération :

LA COUR, avant faire droit fur les faits réfultans desdites Piéces, ordonne qu'il fera fait au Roi de très-humbles & très-refpectueufes Remontrances fur les entreprifes des Gens du Grand-Confeil,

a v

la fuite & les conféquences defdites entreprifes, & fur la néceffité qu'il plaife
audit Seigneur Roi les contenir dans les
bornes du pouvoir qui peut leur appartenir.

LA COUR a arrêté qu'il fera nommé
des Commiffaires pour fixer plus en détail
les articles defdites Remontrances, &c.

*EXTRAIT des Regiftres du Parlement
du 2 Octobre 1755.*

Vû par la Cour, toutes les Chambres
affemblées, la Requête préfentée par le
Procureur Général du Roi, contenant
qu'encore que les Gens du Grand-Confeil
n'ayent aucun droit de Reffort, ni aucune
Jurifdiction fur les Officiers du Châtelet
de Paris, & fur les autres Baillages &
Sénéchauffées du Reffort de la Cour, &
que l'une & l'autre appartiennent à la
Cour, la Cour eft cependant informée
des contraintes & voies de fait que les
Gens du Grand-Confeil ont fait exercer
contre un Greffier Criminel & un Commiffaire du Châtelet, pour l'apport en leur
Greffe des minutes de charges & informations; ce qui eft d'autant plus repréhenfi-
ble que le déplacement des minutes eft abfolument prohibé par les Ordonnances, fi

ce n'eſt dans les cas qui y ſont prévûs. Et
comme, d'un côté, il eſt néceſſaire de
pourvoir à ce que les Officiers du Reſſort
de la Cour ſoient inſtruits qu'ils ne doivent
en ce qui regarde les fonctions de leurs
Charges reconnoître que l'autorité de la
Cour ; que d'un autre côté il eſt à propos
de ſuppléer à l'enlevement des minutes
des procédures extraordinaires dont ont
été dépouillés les Greffier & Commiſſaire
du Châtelet, en attendant qu'elles ſoient
rétablies dans leur dépôt naturel, le Procureur Général du Roi croit devoir avoir
recours à l'autorité de la Cour, pour y être
pourvû. A CES CAUSES, requiert le Procureur Général du Roi qu'il plaiſe à la
Cour faire défenſes aux Greffiers & autres
Officiers, tant du Châtelet de Paris que
deſdits Baillages & Sénéchauſſées, & autres Juges du Reſſort de la Cour, de déférer à l'avenir aux Ordres qui leur ſeroient donnés, & aux pourſuites qui ſeroient faites contr'eux par les Gens du
Grand Conſeil, leur enjoindre d'informer
la Cour deſdits Ordres & pourſuites, à
l'effet d'y être par ladite Cour ſtatué ce
qu'il appartiendra ; & pareillement ordonner que par le Greffier de la Cour il
ſera fait des expéditions des procédures
extraordinaires faites au Châtelet contre

Billard de Vaux, Préfident au Bureau
des Tréforiers de France de Paris, apportées au Greffe de la Cour, pour lefdites Expéditions, faites par le Greffier
de la Cour, refter au Greffe de ladite
Cour, & celles apportées du Châtelet,
être remifes, fçavoir, celles faites au
Châtelet, entre les mains du Greffier du
Châtelet; & celles faites par le Commiffaire Chenu, en celles dudit Commiffaire,
pour fervir & tenir lieu auxdits Officiers
de leurs minutes, jufqu'à ce qu'autrement
par la Cour en ait été ordonné : faire défenfes, tant audit Greffier qu'audit Commiffaire, de s'en deffaifir : ordonner que
l'Arrêt qui interviendra fur ladite Requête, fera imprimé, lû, publié & affiché
partout où befoin fera, & que copies collationnées d'icelui feront envoyées aux
Greffes des Baillages & Sénéchauffées
du Reffort de la Cour, pour y être pareillement lûes, publiées & enregiftrées : ladite Requête fignée du Procureur Général
du Roi : Oui le rapport de Mᶜ Aymé-Jean-
Jacques Severt, Confeiller, tout confidéré :

LA COUR fait défenfes aux Greffiers &
aux autres Officiers tant du Châtelet de Paris, que defdits Baillages & Sénéchauffées,
& autres Juges du Reffort de la Cour, de

déférer à l'avenir aux Ordres qui leur
feroient donnés , & aux pourfuites qui feroient faites contr'eux par les Gens du
Grand-Confeil; leur enjoint d'informer la
Cour defdits Ordres & pourfuites, à l'effet d'y être par ladite Cour ftatué ce qu'il
appartiendra : ordonne pareillement que
par le Greffier des dépôts de la Cour il
fera · fait des Expéditions des Procédures
extraordinaires faites au Châtelet contre
Billard de Vaux , Préfident au Bureau des
Tréforiers de France de Paris, apportées
au Greffe de la Cour, pour, lefdites Expéditions faites par le Greffier de la Cour ,
refter au Greffe de ladite Cour , & celles
apportées du Châtelet, être remifes, fçavoir, celles faites au Châtelet entre les
mains du Greffier du Châtelet , & celles
faites par le Commiffaire Chenu en celles
dudit Commiffaire , pour fervir & tenir
lieu auxdits Officiers de leurs minutes ,
jufqu'à ce qu'autrement par la Cour en ait
été ordonné : Fait défenfes tant audit Greffier qu'audit Commiffaire de s'en deffaifir :
Ordonne que le préfent Arrêt fera imprimé, lû, publié & affiché partout où befoin fera , & que Copies collationnées
d'icelui feront envoyées aux Greffes des
Baillages & Sénéchauffées du Reffort de
la Cour, pour y être pareillement lû, pu-

blié & enregiftré : enjoint aux Subftituts
du Procureur Général du Roi d'y tenir la
main , & d'en certifier la Cour dans le
mois. Fait en Parlement , toutes les Chambres affemblées , le deux Octobre mil fept
cens cinquante-cinq. Collationné. Signé,
DUFRANC.

ARRESTE' du 16 Octobre 1755.

CE jour , la Cour , toutes les Chambres affemblées , a arrêté qu'il fera fait au
Roi une Députation en la forme ordinaire , à l'effet de lui repréfenter le préjudice que peuvent occafionner à fon fervice & au bien de l'Etat , les impreffions
par lefquelles on s'efforce de le prévenir,
avant que fon Parlement ait pû lui préfenter les très-humbles & très-refpectueufes
Remontrances qu'il a arrêté de lui faire fur
les entreprifes des Gens du Grand-Confeil : & fera ledit Seigneur Roi très-hum-
blement fupplié de confidérer que l'affaire
préfente compromet effentiellement l'ordre public , & l'état de tous les Tribunaux qui adminiftrent la Juftice dans fon
Royaume ; qu'il eft digne de la fageffe
dudit Seigneur Roi , de fon équité , & de
la protection qu'il doit aux Loix & aux
Tribunaux dépofitaires naturels de fon

autorité, d'entendre les importantes Remontrances de son Parlement, & de ne pas permettre qu'on étouffe la voix de Magistrats zélés pour son service, & pour la tranquillité de l'Etat, en multipliant sous leurs yeux par des actes d'autorité les entreprises dont ils se proposent de faire connoître audit Seigneur Roi les suites dangereuses. Arrêté en outre que le Procureur Général du Roi sera chargé de faire connoître à tous les Siéges du Ressort, que la Cour a ordonné de faire au Roi de très-humbles & très-respectueuses Remontrances & Représentations, au sujet des entreprises des Gens du Grand-Conseil sur les Tribunaux ordinaires ; & que leur fidélité à leur devoir, & le respect qu'ils doivent à la Personne du Roi, ne leur permettent pas de prévenir par aucun Acte, tel qu'il puisse être, la réponse que le Roi jugera à propos de faire à la Cour sur lesdites Représentations & Remontrances. FAIT en Parlement, toutes les Chambres assemblées, le seize Octobre mil sept cens cinquante-cinq.

ARRESTE du 23 Octobre 1755.

CE jour, toutes les Chambres assemblées , M. le Premier Préfident a dit , que les Gens du Roi étoient venus ce matin à la Buvette le prévenir fur une Lettre qu'ils venoient de recevoir de M. le Chancelier , relative à la commiffion dont la Cour les avoit chargés par l'Arrêté du 16 Octobre préfent mois : & à l'inftant les Gens du Roi mandés & entrés , Me Omer Joly de Fleury , Avocat dudit Seigneur Roi , portant la parole , ont dit , qu'ils avoient reçu ce matin , entre fept & huit heures , une Lettre de M. le Chancelier , dattée de Verfailles du 22 de ce mois. M. le Chancelier leur marque que le Roi lui ordonne de leur mander , que fon intention eft , que la Députation du Parlement , chargée de lui faire des Repréfentations fur la Déclaration envoyée au Grand-Confeil , lui apporte en même tems les Remontrances ordonnées par l'Arrêté du 2 de ce mois. En conféquence M. le Chancelier les charge de s'informer fi ces Remontrances font prêtes , & que dès qu'elles le feront , le Roi indiquera un jour pour les recevoir avec la Députation: Qu'ils ont eu l'honneur de donner la lecture de cette Lettre à M. le Premier Préfident ; & comme M. le Chancelier defire pouvoir rendre réponfe au Roi , aujourd'hui à midi , ils attendent que la Cour veuille bien leur preſcrire ce qu'ils ont à répondre à M. le Chancelier.

Et ſe ſont retirés :

Sur quoi, la matiere miſe en délibération :

La Cour a arrêté que les Gens du Roi feront mandés, pour leur dire qu'elle travaille actuellement aux Remontrances, & que lorſqu'elles ſeront finies, elle les chargera de ſe retirer pardevers le Roi, pour ſçavoir dudit Seigneur Roi le jour, le lieu & l'heure où il lui plaira de recevoir leſdites Remontrances.

Et à l'inſtant les Gens du Roi ayant été mandés, M. le Premier Préſident leur a fait entendre ledit Arrêté ; & ſe ſont retirés.

EXTRAIT des Regiſtres du Parlement, du 27 Octobre 1755.

CE jour, toutes les Chambres aſſemblées, ... M. le Premier Préſident a dit, qu'il étoit queſtion de faire la lecture des Articles de Remontrances projettés par MM. les Commiſſaires : & à l'inſtant lecture faite par M. Severt, Conſeiller, deſdits Articles, & la matiere miſe en délibération, ils ont été d'un vœu commun agréés & arrêtés, ainſi qu'ils ſuivent :

ARTICLE PREMIER.

QUE son Parlement, principalement occupé du soin d'assurer l'ordre & le repos public, par l'exécution d'une Loi, la plus capable de les rétablir, a fermé les yeux sur la conduite des Gens du Grand-Conseil, dans l'affaire criminelle du sieur Billard de Vaux, jusqu'à ce que les poursuites dont les Ministres inférieurs de la Justice étoient la victime, l'ayent forcé d'agir.

II. QUE le Parlement auroit pû réprimer ces poursuites ; qu'il a jugé plus convenable de rappeller a tous les Juges du Ressort, qui n'ont serment qu'en la Cour, quel étoit leur devoir, & de surseoir à la réparation des entreprises passées, pour en faire connoître, avant tout, audit Seigneur Roi, le caractere & les conséquences, & de quelle nécessité il est qu'il lui plaise contenir les Gens du Grand-Conseil, dans les bornes du pouvoir qui peut leur appartenir.

III. QUE le droit de Ressort que le Grand-Conseil prétend exercer sur les Juges inférieurs, est contraire à la constitution de l'Etat, aux droits essentiels du Parlement, & même au genre d'autorité qui peut appartenir audit Grand-Conseil. Que l'enlevement des Minutes est une entreprise condamnée par les Ordonnances.

Qu'enfin le privilége que le Grand-Conseil veut s'attribuer d'être seul Juge de ses Membres en matiere criminelle, est incompatible avec les Maximes fondamentales de la Monarchie.

IV. Que la multiplicité des Evocations arbitraires faites au Conseil du Roi, où entroient indistinctement *plusieurs Officiers royaux & autres sans ordre, sans nombre & sans expérience au fait de la Justice*, excita les plaintes les plus vives des Etats assemblés à Tours, qui demanderent que *pour faire cesser telles Evocations, travaux & véxations*, toutes les affaires fussent renvoyées aux Tribunaux ordinaires : qu'en 1497, l'établissement du Grand-Conseil en *corps & collége*, avec la détermination du nombre & de la qualité de ceux qui le composeroient, parut un moyen capable de satisfaire en quelque sorte aux plaintes des peuples : que cet établissement a perpétué, contre le vœu des Etats, l'abus des Evocations.

V. Que le Grand-Conseil ainsi irrégulièrement établi, toléré plutôt que reconnu, disposé, par sa création même, à connoître arbitrairement de toutes affaires contentieuses, suivant les occurrences, n'a eu d'objet propre & fixe, que la connoissance qui lui a été attribuée des fins & limites des Parlemens, sans aucun territoire ni

Reffort : que le principe de fon aggrandiffement a été l'attachement inviolable du
Parlement à une Loi de l'Eglife & de l'Etat,
rempart le plus affuré de nos libertés :
que depuis il lui a encore été attribué une
multitude d'affaires évoquées de tous les
Parlemens & Siéges du Royaume, fans
égard pour le bien de la Juftice, l'intérêt
des Citoyens, l'honneur des Tribunaux &
le maintien des Ordonnances : que le vice
effentiel de fa conftitution ne lui permet
pas même de reconnoître la contradiction
de fon objet & de fes fonctions avec les
Loix fondamentales de l'Etat.

VI. QUE cette contradiction, & l'interverfion dans l'adminiftration de la Juftice, qui en a été la fuite, ont excité la réclamation perpétuelle des peuples contre le
Grand-Confeil : que nos Rois ont en différens tems répondu aux repréfentations des
États & aux Remontrances du Parlement,
qu'ils n'attribueroient au Grand-Confeil
aucune connoiffance *que des fins , limites
Refforts des Parlemens , fans qu'il pût connoître d'aucunes matieres , de quelque qualité
qu'elles fuffent , en vertu de Commiffions particulieres ou autrement:* que ces réponfes ont
été confacrées par les difpofitions des Ordonnances : qu'en 1645 , le Chancelier répondit du nom du Roi, que fans les anciennes Evocations , *la Jurifdiction du Grand-*

Conſeil ſeroit inutile, laquelle n'a autre em-
ploi que celui des Evocations de cette qualité.

VII. QUE le genre des fonctions, attribuées ſi irréguliérement au Grand-Conſeil,
exclud toute idée de Juriſdiction ſur les
perſonnes, & de Reſſort ſur les Siéges in-
fé ieurs; droits appartenans uniquement
aux Tribunaux ordinaires, qui entrent
par leur nature dans le plan & l'œconomie
du Gouvernement politique : Que les
Gens du Grand-Conſeil ont voulu en différens tems s'attribuer le droit de Reſſort,
en faiſant des réglemens que les Juges inférieurs n'ont pu reconnoître.

VIII. QUE les Gens du Grand-Conſeil
ont encore tenté d'établir ce droit de Reſſort en décernant des contraintes contre les
Greffiers & dépoſitaires des Procès, dont
ils vouloient s'attirer la connoiſſance: Que
le Parlement a déchargé ceux qu'ils ont
pourſuivis, des condamnations contre eux
prononcées, & qu'elles ſont demeurées
ſans effet.

IX. QUE la ſouſt action faite, dans l'affaire du ſieur Billard de Vaux, par le Grand-
Conſeil, de minutes dont il avoit deja des
expéditions, eſt une autre entrepriſe auſſi
inutile qu'intolérable : que les Ordonnances ont formellement interdit, même aux
Tribunaux ayant Reſſort, la ſouſtraction
des minutes dans tous les cas, & leur dé-

placement, hors les cas qu'elles ont fpéci-
fiés, au nombre defquels ne fe trouvent ni
l'incompétence du Juge ni la nullité de la
procédure : que la prétention déja élevée
par les Gens du Grand-Confeil pour la
fouftraction des minutes, en pareilles circonftances, a été profcrite par le Souverain, & que depuis ils ne pourroient produire à cet égard que des actes clandeftins
& irréguliers.

X. Que le Parlement étant de toute ancienneté la fource de toute Juftice fous
l'autorité royale, a feul, pour juger fes
Membres en matiere criminelle, un droit
incommunicable, auquel les Membres de
la Cour des Pairs ne peuvent renoncer;
droit qui tient à la conftitution de l'Etat, &
dont l'origine fe confond avec celle de la
Monarchie : que le Grand Confeil ne pourroit prétendre juger fesMembres qu'à titre
d'un fimple privilége, qui, faute d'enregiftrement, n'exifte point ; & qui, quand
il exifteroit, ne pourroit avoir lieu fans
être réclamé : que le Grand-Confeil a vû
fans réclamation plufieurs de fes Membres
pourfuivis au Parlement : que la poffeffion
que les Gens du Grand-Confeil peuvent
oppofer eft récente, n'a jamai eu lieu fans
contradiction, & n'eft appuyée que fur un
petit nombre d'actes ; que ces actes ne
font intervenus que fur la demande du

Grand-Conseil à l'occasion de chaque affaire ; que pour la plûpart ils ne lui donnent qu'une attribution ſpéciale, & que
tous ces actes ne peuvent être des titres
aux yeux de Magiſtrats.

XI. Que les entrepriſes des Gens du
Grand-Conseil ſur le Parlement, attaquent
& compromettent tout à la fois, par leurs
conſéquences, l'intérêt des Citoyens, l'ordre des Juriſdictions, les droits de la Pairie, la Police générale du Royaume, & la
Conſtitution immuable de l'Etat : que ces
atteintes exigent qu'il plaiſe audit Seigneur
Roi, en ſuivant l'exemple de ſes Prédéceſſeurs, proſcrire des entrepriſes que le
Grand-Conseil renouvelle au mépris de
leurs déciſions ; le renfermer dans les bornes du pouvoir qui doit lui appartenir, &
conſerver ſon être premier & naturel à la Juſtice, le plus ferme appui de l'Autorité royale.

XII. Que les circonſtances où les entrepriſes du Grand-Conseil ont éclaté, ſont
un nouveau motif d'en arrêter le cours :
Que le Parlement manqueroit à ſon devoir, s'il ne faiſoit connoître audit Seigneur Roi, qu'il eſt digne de ſa ſageſſe de ne
pas ſouffrir qu'au moment, où par ſes travaux, le rétabliſſement d'une paix ſi long-
tems deſirée alloit remplir les vœux de ſes
peuples, il ſoit porté de nouvelles atteintes

à l'ordre public ; que le plus fûr moyen de renverfer l'ouvrage de cette paix, monument authentique de la bonté dudit Seigneur Roi pour fes Sujets, feroit de partager, d'affoiblir & d'altérer l'Autorité Royale dans les Parlemens.

Enfuite un de Meffieurs a dit, qu'outre les Remontrances ordonnées par la Cour, & dont les objets ont été fixés aujourd'hui, il a encore été ordonné qu'il feroit fait au Roi une Députation en la forme ordinaire, au fujet de laquelle ledit Seigneur Roi a fait fçavoir à la Cour, qu'il recevroit fes Repréfentations en même tems que fes Remontrances ; & qu'il prie M. le Premier Préfident de mettre en délibération la néceffité qu'il y a de fixer pareillement les objets defdites Repréfentations. Sur quoi la Cour a continué la Délibération au Mercredi 12 Novembre prochain, huit heures du matin.

Arrêté du 5 Novembre 1755.

Ce jour, toutes les Chambres affemblées, M. le Premier Préfident a dit que les Gens du Roi étoient venus lui dire qu'ils avoient été ce matin à Verfailles, fur une Lettre que M. le Chancelier leur avoit

avoit adreſſée , & qu'ils avoient reçu des ordres du Roi, dont ils devoient rendre compte à la Compagnie : & à l'inſtant les Gens du Roi mandés & entrés , Me Omer Joly de Fleury , Avocat dudit Seigneur Roi , portant la parole , ont dit :

Que ſur une Lettre de M. le Chancelier adreſſée à M. le Procureur Général , ils s'étoient rendus hier matin à Verſailles , au lever du Roi.

Qu'ayant été appellés dans le Cabinet avant ſa Meſſe , ils s'étoient approchés de la Perſonne du Roi qui leur avoit dit qu'il les avoit mandés pour leur dire que ſon intention étoit de recevoir la Députation (ordonnée par l'Arrêté de la Cour du 16 Octobre dernier) Dimanche 9 de ce mois à Verſailles à midi ; que ſon intention pareillement étoit que les Députés de la Cour lui apportaſſent en même tems les Remontrances arrêtées le 2 Octobre dernier , & que le nombre de MM. les conſeillers accoutumés de venir en pareille Députation , fût réduit à moitié.

Et ſe ſont retirés.

LA COUR , en délibérant ſur ce qui a été dit par les Gens du Roi , a arrêté qu'ils retourneront pardevers le Roi , à l'effet de lui repréſenter que ſon Parlement , pénétré du plus profond reſpect pour les

b

vólontés dudit Seigneur Roi, defireroit
être en état de lui en donner des preuves,
en fe rendant auprès de fa Perfonne au
jour qu'il veut bien indiquer pour recevoir fes Remontrances & écouter fes Repréfentations ; mais qu'il ne peut fe
difpenfer de fupplier ledit Seigneur Roi
de confiderer :

1°. Que fon Parlement a arrêté le 2
Octobre dernier de très-humbles & très-
refpectueufes Remontrances fur les entreprifes des Gens du Grand-Confeil, &
que l'importance & la multiplicité des
objets defdites Remontrances n'ont permis de les fixer que le 27 du même mois.

2°. Qu'avant que lefdits objets fuffent
fixés, il a été furpris à la bonté dudit
Seigneur Roi, en faveur des Gens du
Grand-Confeil, une Déclaration fur la
forme & le fond de laquelle fon Parlement n'a pû fe difpenfer d'arrêter le 16
Octobre dernier, qu'il feroit préalable-
ment fait des Repréfentations audit Sei-
ne ur Roi.

3°. Que fon Parlement, ayant fupplié
ledit Seigneur Roi de lui faire fçavoir
le jour, le lieu & l'heure où il lui plairoit
recevoir lefdites Repréfentations préala-
bles, ledit Seigneur Roi a répondu que
fon intention étoit de les recevoir en

même tems que les Remontrances.

4°. Que quelqu'important qu'il fût que ledit Seigneur Roi voulût bien écouter inceſſamment leſdites Repréſentations , néanmoins pour ſe conformer à ſes intentions , ſon Parlement n'a pas cr . devoir inſiſter , & ſe livrant entierement au travail qu'exige leſdites Remontrances , il a continué au 12 de ce mois la Délibération pour fixer les objets deſdites Repréſentations.

5°. Enfin que l'importance deſdites Remontrances & la néceſſité de les ſoutenir par des preuves inconteſtables , mettent ſon Parlement dans l'impoſſibilité de les achever avant la fin de ce mois.

Après quoi , les Gens du Roi ayant été mandés , M. le Premier Préſident leur a fait entendre le ſuſdit Arrêté; à quoi ils ont répondu qu'ils s'acquitteroient de la commiſſion dont la Cour les chargeoit , avec tout le zéle dont ils ſont capables : & ſe ſont retirés. Et la Cour s'eſt levée.

Du Mercredi 12 Novembre 1755.

CE jour , la Cour , toutes les Chambres aſſemblées , délibérant ſur les bjets des Repréſentations arrêtées le 16 Octobre dernier , il a été arrêté :

Que les Députés de ladite Cour, ſe ren-

dant près la perſonne du Roi, au jour in-
diqué, à l'effet de lui adreſſer les Repréſentations ordonnées être faites par l'Arrêté
du 16 Novembre dernier , feront chargés
en conſéquence de faire connoître en même tems audit Seigneur Roi :

Que la Déclaration du 10 Octobre dernier porte évidemment tous les caracteres
d'une ſurpriſe faite audit Seigneur Roi :
Que les circonſtances dans leſquelles cette
Déclaration eſt intervenue , ſuffiroient
ſeules pour établir cette ſurpriſe ; puiſque
des points de la plus grande importance
ſembleroient être décidés par ladite Déclaration , dans le tems même que le Parlement avoit arrêté à cet égard de très-
humbles & très-reſpectueuſes Remontrances , & avant qu'elles puſſent être en état
d'être préſentées audit Seigneur Roi. Que
l'amour du Parlement pour ſon Souverain , ſon zéle pour la gloire dudit Seigneur Roi l'obligent de lui repréſenter à
quel point il lui importe de calmer un
trouble univerſel que les ſuites de la Déclaration du 10 Octobre continueroient
d'exciter ; & de maintenir les Maximes
conſtitutives de l'Etat , & de l'ordre des
Juriſdictions, ainſi que les droits que compromet ladite Déclaration. Que les bornes accoutumées & néceſſaires de ſimples

repréſentations ne permettent pas de diſ-
cuter dans celles arrêtées le 16 Octobre
dernier , les irrégularités que cette Déclaration contient dans la forme , & les
conſéquences dangereuſes qu'elle entraîne-
roit au fond. Que le Parlement a cru devoir
comprendre les unes & les autres dans ſes
Remontrances , & ne peut douter que la
ſageſſe dudit Seigneur Roi ne lui faſſe
appercevoir l'indiſpenſable néceſſité de
retirer ladite Déclaration. Et que dans les
Remontrances arrêtées le 2 Octobre dernier ſeront traités les objets concernant la
Déclaration du 10 du même mois , tant
dans la forme qu'au fonds ; & que , pour
fixer leſdits objets , il ſera nommé des
Commiſſaires.

Du Vendredi 14 Novembre 1755.

CE jour , la Cour , toutes les Chambres aſſemblées , lecture faite des Articles
projettés par Meſſieurs les Commiſſaires ,
ſur les Objets concernant la Déclaration
du 10 dudit mois d'Octobre , tant dans la
forme qu'au fond , & qui , conformément
à l'Arrêté du 12 du préſent mois , doivent
être traités dans les Remontrances ordonnées le 2 Octobre dernier ; leſdits
Articles ont été agréés d'un vœu commun , & arrêtés ainſi qu'il ſuit.

ARTICLE PREMIER.

QU'*entre les Loix publiques de la Mo-*
narchie, celle-là est une des plus saintes, & la-
quelle les Rois ont le plus religieusement gar-
dée de ne publier ni Loi ni Ordonnance qui
n'eût été vérifiée au Parlement (1). Que l'ad-
dresse faite aux Gens du Grand-Conseil de
la Déclaration du 10 Octobre dernier
par préférence & à l'exclusion du Parlement, porte atteinte à cette Loi d'ordre
public de laquelle l'exécution a été consa-
crée par des reconnoissances formelles de
nos Rois, & par eux utilement réclamée
dans les occasion les plus importantes.

II°. Que le Mandement spécial donné
contre la forme ordinaire, par la Déclaration du 10 Octobre dernier, à celui qui
exerce le ministere public au Grand-Conseil, est contraire à tous principes &
usages : qu'en paroissant reconnoître par
ce Mandement, que les Gens du Grand-
Conseil n'ont par eux-mêmes aucun pouvoir d'ordonner aux Baillages & Sénéchaussées de publier ladite Déclaration,
ce même Mandement porte atteinte à
l'essence & à l'état du Parlement, au-

(1) Propres termes de M. du Harlay, Premier
Président, adressant la parole au Roi Henri III.
tenant son Lit-de-Justice, le 15 Juin 1586.

quel comme miniftre effentiel de l'autorité fouveraine, & dépofitaire des Loix
& Maximes du Royaume , il appartient
de vérifier les Edits, Ordonnances & Déclarations *qui y prennent leur derniere* (1)
forme, & duquel (2) *les Baillages & Séné-*
chauffées doivent les recevoir pour les publier :
que dans le Parlement eft le dépôt des
Ordonnances du Royaume : que lorfque
le Roi Charles VIII jugea néceffaire de
pourvoir aux plaintes de fes Sujets fur
plufieurs abus , le Chancelier vint de fa
part au Parlement, le 17 Février 1497,
demander *que les Ordonnances leues & re-*
giftrées lui fuffent communiquées pour les
avoir par écrit.

III. Qu'au fond , la Déclaration du 10
Octobre dernier , fous prétexte de renouveller les difpofitions des Edits de 1498 &
1555, qui, faute de vérification, n'ont jamais acquis force de Loi, donne à ces Edits
une interprétation contraire à leur teneur,
ainfi qu'à la conftitution & aux Loix de la
Monarchie : que cette interprétation n'eft
fondée que fur ce que ladite Déclaration
confond des idées effentiellement diffé-

(1) Difcours des Gens du Roi (M. le Maître
portant la parole) au Lit-de-Juftice du 13 Juin
1499.

(2) Ordonnance de Décembre 1363.

b iiij

rentes, en prenant pour autorité fur le
ritoire, fur les Juges inférieurs, & fur
fujets qui en dépendent, la fimple facu
de connoitre de certaines affaires par
tribution, & la faculté accordée aux P
ties de faire exécuter les Jugemens rend
fur icelles ; faculté & exécution qui f
l'unique effet defdits Edits ; & qui d'aille
n'ayant pour objet que l'intérêt des P
ties . n'emportent ni territoire ni Reffo
ni Jurifdiction proprement dite en fav
du Tribunal.

IV. Que la faculté accordée par l'Edit
1555, de faire exécuter les Jugemens d
Gens du Grand-Confeil fans *vifa* ni *par*
tis, a été étendu à l'égard des Jugeme
de tous les Tribunaux du Royaume, fa
exception, par un Edit du mois d'Ao
1360, non vérifié : que fonder le droit
Reffort en faveur des Gens du Grand-Co
feil, fur une faculté qui auroit compr
leurs Jugemens ainfi que ceux de tous l
Juges, ce feroit fuppofer qu'on auro
voulu , en 1560, donner en particulier
chaque Baillage & Sénéchauffée le dro
de Reffort fur le Royaume entier.

V. Que les Edits de 1498 & de 1555, e
fuppofant même qu'ils euffent voulu at
tribuer aux Gens du Grand-Confeil c
droit de Jurifdiction univerfelle qu'ils pré

tendent y trouver, feroient à cet égard demeurés fans aucune exécution : que les Gens du Grand-Confeil ne peuvent faire exécuter leurs Jugemens, même par leurs propres Officiers, qu'en vertu d'une Commiffion du grand Sceau ; que la néceffité de cette Commiffion caractérife effentiellement un pouvoir précaire & limité à chaque Acte particulier, & fuppofe par conféquent, dans ceux qui y font affujettis, le défaut de Reffort & de Jurifdiction proprement dite.

VI. Que quels que foient l'objet & les fonctions des Gens du Grand-Confeil, relativement aux attributions qui leur ont été faites, cet objet ni ces fonctions ne les mettroient jamais dans le cas d'exercer aucun droit de Reffort & de Jurifdiction fur les Juges inférieurs : *que ces Juges ne peuvent être obligés de rendre compte de leur conduite que dans le Tribunal fupérieur où fe porte naturellement l'appel de leurs Sentences* (1) ; ainfi que ledit Seigneur Roi l'a reconnu plufieurs fois, & l'a déclaré nommément le 6 Août 1743. Qu'en conféquence les Gens du Grand-Confeil n'ont pas plus d'occafion que de droit d'envoyer aux Baillages & Sénéchauffées, des

(1.) Propres termes des Lettres-Patentes du 6 Août 1743, regiftrées le 20 du même mois.

Édits , Déclarations ou Reglemens : que
s'ils peuvent rapporter à cet égard quelques Actes d'une poffeffion clandeftine ,
ce ne font que des entreprifes auffi incompatibles avec leurs fonctions, que contraires à la conftitution & aux Loix de la
Monarchie.

VII. Que c'eft conformément à ces principes , que l'Arrêt du deux Octobre dernier a défendu de déférer aux ordres &
pourfuites des Gens du Grand-Confeil ,
contre les Officiers des Baillages & Sé-
chauffées , fans s'expliquer fur l'exécution
des Jugemens rendus entre Parties par les
Gens du Grand-Confeil , & que ledit Arrêt a pris des précautions auffi fages que
néceffaires fur la fouftraction des minutes ; fouftraction profcrite par les Ordonnances , & fur laquelle la Déclaration
du 10 Octobre dernier garde le filence ,
en même-tems que , par une difpofition
générale , elle attaque toutes les parties
dudit Arrêt : enfin , que vouloir anéantir
un Arrêt du Parlement par une Déclaration vérifiée au Grand-Confeil , ce feroit
renverfer tout ordre , & ériger de fait un
Tribunal fupérieur & réformateur du Parlement.

VIII. Qu'il importe au bien dudit Seigneur Roi, d'entretenir l'œconomie an-

cienne & effentielle qui , formée par la
conftitution & les Loix de la Monarchie ,
ne lie les Baillages & Sénéchauffées
qu'aux Parlemens , & par laquelle ils
maintiennent la Souveraineté, & affurent
l'obéiffance ; que rien ne feroit plus préjudiciable à l'une & à l'autre que de rom-
pre cette chaîne, pour unir les Juges inférieurs à ceux dont le pouvoir s'étend & fe
refferre au gré d'attributions arbitraires :
que tant de motifs réunis exigent du Parlement, à titre de devoir, qu'il fupplie ledit Seigneur Roi de vouloir bien retirer
la Déclaration du 10 Octobre dernier , &
conferver ainfi , pour l'intérêt même
de fa Souveraineté , l'effence & l'honneur
de la Cour des Pairs , *laquelle* , felon le témoignage glorieux de Louis XIV & de fes
Prédéceffeurs, *a rendu de tout tems de grands
& fignalés fervices aux Rois* , *dont elle a fait
régner les Loix* , *& reconnoître l'autorité &
la Puiffance légitime* (1).

(1) Propres termes de l'Edit du mois de Juillet
1644, regiftré le 1 Août fuivant Plufieurs autres
Edits de tous les Rois Prédéceffeurs portent des
expreffions femblables.

*REPRESENTATIONS faite.
par M. le Premier Préfident at
Roi, en exécution des Arrétés de.
16 Octobre & 12 Novembre 1755
& en lui préfentant les Remón-
trances du Parlement.*

Du 27. Novembre 1755.

SIRE,

C'EST avec la plus refpectueufe confiance, que nous venons nous prof-
terner aux pieds de votre Trône, pour
réclamer, en faveur du premier Tribunal
de votre Juftice Souveraine, le cœur
d'un Roi que l'amour de la paix anime
fi juftement pour le bonheur de fes Sujets.

Ce Tribunal, SIRE, à qui par les Loix
& les Ordonnances du Royaume, appartient la manutention de l'ordre public,
n'auroit pu fans manquer à ce qu'il doit
à votre autorité, à ce qu'il doit à lui-

même , & aux Jurisdictions inférieures
qui lui sont subordonnées , se dispenser
de faire tout ce qui étoit de son pouvoir,
pour arrêter le cours des entreprises des
Gens du Grand-Conseil , & de vous en
exposer ses justes plaintes dans les très-
humbles & très-respectueuses Remontrances qu'il a arrêté de vous faire le 2
Octobre dernier.

Nous avons l'honneur, SIRE, de
vous les apporter au jour marqué par
vos ordres ; bien persuadés qu'aussi-tôt
que vous aurez eu la bonté de jetter la
vûe sur les objets qu'elles contiennent, &
d'en peser l'importance, VOTRE MAJES-
TE' connoîtra qu'il eût été bien difficile
à son Parlement d'achever plutôt un ouvrage aussi considérable par son étendue ,
& dont toutes les parties méritoient également un travail digne de lui être of-
fert.

Votre Parlement, SIRE, ose de plus
se flater que vous y trouverez l'exposi-
tion des faits si simple & si naturelle, les
raisonnemens si clairs & si précis , & les
conséquences tirées avec tant de justesse ,
que vous serez tout-à-la fois frappé des
irrégularités de ces entreprises , & des
suites dangereuses qu'elles entraîneroient
nécessairement après elles.

Ces entreprifes, SIRE, font d'une nature fi étrange, qu'elles attaquent directement la conftitution de l'Etat, en tendant à détruire les droits les plus effentiels de la Cour des Pairs de votre Royaume.

Nous nous garderons bien, SIRE, de vous faire en ce moment l'énumération de ces entreprifes multipliées, qui n'ont été hafardées que fous le fpécieux prétexte de quelques actes clandeftins, & d'une forte de tolérance de la part de votre Parlement, facile néanmoins à juftifier par la légitimité de fes motifs.

Nous devons, SIRE, nous renfermer dans l'objet que nous fommes chargés de remplir auprès de VOTRE MAJESTE'; c'eft, SIRE, de vous fupplier avec les plus refpectueufes inftances, de confidérer que la Déclaration du 10 Octobre dernier, vraifemblablement accordée à l'ardeur que les Gens du Grand Confeil ont marquée pour conquérir des priviléges contraires, nous ne craindrons pas de le dire, au genre même d'autorité qui peut leur appartenir, porte évidemment tous les caracteres d'une furprife faite à la religion de VOTRE MAJESTE'.

C'eft en effet, SIRE, dans les premiers momens que votre Parlement, toujours

animé du même zéle lorſqu'il s'agit du
bien de votre ſervice, & de la tranquilité de l'Etat, travailloit avec le plus d'application à rédiger ſes Remontrances,
qu'a paru cette Déclaration.

Ne ſemble-t'il pas, S I R E, l'idée même ne s'en préſente que trop facilement
à l'eſprit, que l'on a voulu vous engager
à décider des points de la plus grande importance, avant qu'il fût poſſible à votre
Parlement de les placer ſous vos yeux
dans le vrai jour où ils auroient dû vous
être d'abord préſentés.

Que de réflexions, S I R E, ne naiſſent pas de ce que nous prenons la liberté
de vous dire ! Le reſpect nous empêche
de nous étendre ſur cette circonſtance ;
mais notre amour pour votre Perſonne,
& notre attachement à nos devoirs ne
nous permettent pas de vous diſſimuler
que cette Déclaration a répandu par tout
les plus vives allarmes, plus particuliérement encore parmi ceux de vos Sujets
qui ſont les mieux inſtruits des Loix conſtitutives de la Monarchie.

Si vous daignez, S I R E, faire quelqu'attention à nos très-humbles prieres,
ſi vous avez la bonté de ne vous pas re-
fuſer à votre éloignement naturel pour
tout ce qui peut cauſer le trouble dans

vos États, il nous sera permis d'espérer
que VOTRE MAJESTE' jugera elle-
même qu'il est digne de son équité, & de
la protection qu'Elle se fait un devoir
d'accorder aux Loix, de retirer une Déclaration qui dérangeroit l'ordre public,
en compromettant l'état de tous les Tribunaux de votre Royaume.

Consultez, SIRE, votre cœur dans
une occasion aussi intéressante, il ne vous
trompera jamais, & il vous portera en
faveur d'une Compagnie passionnée pour
votre gloire, & qui regardera toujours
comme le service le plus signalé qu'elle
pourra vous rendre, celui de faire percer
jusqu'à Vous la vérité à travers les nuages épais dont elle est souvent environnée.

TRES

TRÈS-HUMBLES

ET

TRÈS-RESPECTUEUSES

REMONTRANCES,

QUE présentent au ROI, notre très-honoré & Souverain Seigneur, les Gens tenans sa COUR DE PARLEMENT.

SIRE,

VOTRE Parlement, principalement occupé du soin d'assurer l'ordre public, travailloit à faire cesser les troubles, en procurant à votre Déclaration du 2 Septembre 1754, monument éternel de votre sagesse & de votre amour pour la Religion & pour vos Peuples, son entiere exécution. Pourquoi faut-il que dans le moment même où l'Autorité Royale alloit rentrer dans tous ses droits, elle reçoive de nouvelles atteintes par les entreprises des Gens du Grand Conseil, à

A

l'occafion de l'affaire criminelle du fieur Billard de Vaux.

Votre Parlement, SIRE, ne cherche point à approfondir les motifs & les reſſorts de ces entrepriſes, ſoit en elles-mêmes, ſoit par rapport aux circonſtances dans leſquelles elles ont été haſardées. Qu'elles ſeroient funeſtes à votre Royaume, ſi elles partoient d'un ſyſtême réfléchi de changer l'ordre primitif & l'œconomie eſſentielle des principales parties de l'Etat !

Un point de vûe auſſi affligeant n'a point échappé à votre Parlement ; mais il connoiſſoit la ſageſſe de VOTRE MAJESTE', ſon amour pour ſes Peuples & ſon attention à maintenir les Loix de l'Etat ; il a cru dans ces premiers momens pouvoir fermer les yeux ſur les démarches irrégulieres des Gens du Grand Conſeil ; il eſpéroit que ces Magiſtrats recommandables à tant d'égards, ſe renfermeroient dans les bornes de leur pouvoir, & ſe réformeroient eux-mêmes.

Mais ces ménagemens, SIRE, loin d'arrêter l'activité des Gens du Grand Conſeil, ont été ſuivis des pourſuites les plus vives contre des Officiers du Châtelet, qui n'ont, dans l'ordre des Juriſdictions, de Supérieur légitime que votre Parlement. Le Grand Conſeil s'eſt oublié jufqu'au point d'ordonner la fouftraction des minutes du Greffe du Châtelet. C'eft alors, SIRE, que votre Parlement s'eft trouvé forcé d'agir contre des entreprifes auffi téméraires qui violoient l'ordre public.

Il exifte, SIRE, des dépôts, à la fûreté defquels les Loix ont toujours veillé : c'eft-là que fe retrouvent, pour la focieté préfente & pour la poftérité la plus reculée, les droits des Citoyens, les preuves de leur état, les titres de leur fortune ; c'eft à la confervation de ces monumens précieux qu'eft attachée la confiance des Peuples. Si la Loi leur garentit les droits qu'elle leur donne, votre autorité les raffure fur la garde de tant de titres, dont la perte rendroit inutiles les bienfaits mêmes de la Loi.

Quelque autorité que vos Parlemens exercent en votre nom, ce dépôt facré ne leur appartient point ; l'Etat en eft le véritable propriétaire. De-là ces précautions prifes par les Loix pour empêcher que la néceffité d'avoir recours au dépôt, ne devienne une occafion de l'altérer, ou un prétexte pour le violer. Un bien commun, un bien fi précieux à la Nation, & dont vos Parlemens font comptables à VOTRE MAJESTE', qui veut bien s'en regarder Elle-même com-

me le dépofitaire , ne doit être touché
que par des mains religieufes , & avec
une crainte capable de porter jufqu'au
fcrupule l'attention & l'exactitude dûes à
fa confervation.

Que cette crainte fe diffipe , qu'elle
faffe place à la témérité & à l'indifcrétion,
l'allarme naît dans tous les efprits , le même danger qui menace le dépôt, paroît
menacer le dernier de vos Sujets ; il n'en
eft aucun qui ne tremble fur fon fort.

L'obligation de rendre la juftice à vos
Sujets impofe à vos Parlemens la néceffité d'examiner leurs droits , & d'interro-
ger leurs titres ; mais elle ne leur donne
jamais le pouvoir d'en violer le dépôt.
Auffi lorfque quelques-uns d'entre eux fe
font écarté de la regle à cet égard , les
Déclarations les plus précifes les y ont
auffitôt ramenés (1). Le Citoyen en effet
connoit le lieu où réfident les monumens

(1) Une Ordonnance de 1303 porte expreffément que les protocoles des Notaires , minutes
qui ne font pas plus facrées que les actes de juftice , ne pourront être tirées du lieu de leur dépôt.
*Ita tamen quòd hujufmodi protocolla de dicto loco non
extrahant.*
L'ord. de 1670 porte, tit. 6 art. 15 : *Défen-
dons aux Greffiers de fe deffaifir des minutes (des
informations & autres procédures) finon ès mains
de nos Procureurs, ou de ceux des Seigneurs qui*

de son état, il ne les perd pas de vûe, lorfqu'il fçait que pour fon propre avan-

s'en chargeront fur le Regiftre, & marqueront le JOUR ET L'HEURE, POUR LES REMETTRE INCES-SAMMENT ET AU PLUS TARD DANS TROIS JOURS, à peine d'interdiction contre le Greffier, & de 100 livres d'amende.

Cette même Loi, dans le titre premier, article 5, parlant de procédures criminelles, faites par un Juge incompétent, & dont la nullité eft bien décidée, porte que, LES GROSSES des informations & autres pieces & procédures qui compofent les procès, ou qui y auront été jointes, enfemble toutes les informations, pieces & procédures faites pardevant tous autres Juges, concernant l'accufation, feront portées au Greffe du Juge pardevant lequel l'Accufé fera traduit, s'il eft ainfi par lui ordonné.

Une Déclaration de Fevrier 1679 porte expreffément, art. 10: Toutes les minutes des appointemens, Jugemens ou Sentences, & tous autres actes de juftice qui doivent être dépofés au Greffe, fans aucuns excepter.... demeureront dépofés & gardés audit Châtelet dans des lieux & armoires que nous ferons préparer à cet effet, SANS QU'ILS EN PUISSENT ESTRE TIRÉS POUR QUELQUE CAUSE ET SOUS QUELQUE PRÉTEXTE QUE CE SOIT.

Une Déclaration donnée pour le Parlement de Touloufe le 15 Juillet 1681, & une autre pour le Parlement de Dijon du 3 Décembre de la même année, portent: Voulons & nous plaît que les originaux des procédures faites par nos Juges ordinaires, ou ceux des Seigneurs, pour crimes de quelque nature & qualité qu'ils foient, dans l'étendue du reffort de notre Parlement de Touloufe (ou Dijon)

tage ils doivent paſſer ſous les yeux d'une Compagnie deſtinée à les lui conſerver, & qui ne les examine que pour les faire enſuite rétablir dans le dépôt où la loi les a placés, & où il eſt ſûr de les trouver ; le caractere de l'autorité, les formes auſquelles elle eſt aſtreinte, tout le raſſure contre la crainte d'une perte irréparable.

Mais ſi un pouvoir étranger, ſi une Compagnie, à laquelle rien ne lie le Citoyen, entreprend de violer ce dépôt, ne peut-on pas avancer avec vérité qu'elle met l'Officier public, chargé du dépôt, dans la cruelle alternative ou de mépriſer ſes Jugemens, ou de prévariquer dans ſes fonctions, s'il oſoit imaginer que des ordres auſſi irréguliers pourroient lui ſervir de décharge valable auprès de ſes Supérieurs qui peuvent lui demander compte à tout moment du dépôt qui lui eſt

DEMEURENT TOUJOURS E'S GREFFES DESDITS SIEGES, SANS QU'EN AUCUN CAS ET SOUS QUELQUE PRÉTEXTE QUE CE PUISSE ESTRE, NOTREDITE COUR PUISSE EN ORDONNER LA REMISE AU GREFFE CRIMINEL DE LADITE COUR, MAIS SIMPLEMENT DES GROSSES...... *Pourra néanmoins notredite Cour ordonner la remiſe des originaux deſdites procédures lorſqu'elles ſeront arguées de FAUX, ou que les Juges qui les auront faites ſeront accuſés de PRÉVARICATION.*

confié. C'eſt cependant , SIRE , l'excès dans lequel ſont tombés les Gens du Grand Conſeil , & dont nous vous découvrirons dans la ſuite plus particuliérement le prétexte.

Votre Parlement , il eſt vrai , auroit pû venger votre autorité qui eſt celle des Loix , en réprimant cet excès par les voies juridiques qu'il avoit droit d'exercer : mais il a jugé plus convenable dans cette occaſion de commencer par recourir à VOTRE MAJESTE' par de très-reſpectueuſes Remontrances , pour lui faire connoître tout à la fois le caractere , le danger & les conféquences des différentes entrepriſes du Grand Conſeil ; quel eſt le genre du pouvoir qui lui a été attribué ; & de quelle néceſſité il eſt de le contenir dans les bornes de l'autorité qui peut lui appartenir.

Votre Parlement , SIRE , a pris en même tems les meſures les plus modérées pour rappeller aux Juges de ſon Reſſort les engagemens de la ſubordination que leur ſerment & l'ordre public leur preſcrivoient.

Vainement , SIRE , votre Parlement placeroit-il ſous vos yeux de ſi grands objets , s'il n'avoit l'honneur de vous expoſer auparavant la nature de ſes devoirs qui, depuis l'établissement de la Monarchie, le chargent de veiller sans cesse à maintenir & venger les Loix.

SIRE, il y a treize cens ans que la Monarchie subsiste, il y a treize cens ans que votre Parlement, sous quelque dénomination qu'il ait été connu, forme toujours le même Tribunal, & exerce les mêmes fonctions dans l'Etat. Son administration, quant à la manutention des Loix, n'a jamais cessé d'être la même jusqu'à ce moment ; & il a toujours conservé le glorieux avantage d'être la vraie *Cour de France*, parce qu'il est né avec l'Empire des François, pour être une branche de la forme essentielle du Gouvernement.

Qu'il nous soit permis, SIRE, pour mieux développer ces vérités, de Vous représenter que dans le premier âge de la Monarchie, le Parlement étoit l'Assemblée générale de la Nation ; que tous les *Francs* étoient *Pairs* ; que la valeur, la vertu, les talens étoient les seuls caracteres distinctifs parmi eux ; que la qualité de Guerrier & celle de Magistrat n'étoient pas incompatibles, & que l'Histoire ne nous permet pas d'ignorer que la justice alors tempéroit l'âpreté du Gouvernement Militaire.

La confusion naturelle qui se fit des

vainqueurs avec les peuples vaincus, mit
bientôt obstacle à ces Assemblées générales, qui se tenoient fréquemment dans
leur origine : l'étendue du Royaume engagea nos Princes à le distribuer en Gouvernemens de différentes especes. Les Parlemens généraux ne furent plus alors
composés ordinairement que de ceux qui
étoient chargés de quelque administration, sans néanmoins abróger l'usage de
ces Assemblées générales, ausquelles assistoient les Grands du Royaume, *& *des*
Francs de toutes les conditions. Ces Assemblées étoient presque toujours convoquées quand il s'agissoit du mariage des
enfans de nos Rois, du partage de leur
succession, de la réformation des Loix
principales & des affaires les plus importantes de la Monarchie.

Tel fut, SIRE, l'état de votre Parlement, jusqu'à l'introduction du Gouvernement féodal. Le Royaume dans ce tems
ne fut plus un tout dont les différentes
parties, soumises à l'autorité d'un seul
Maitre, étoient gouvernées par ses Officiers ; chaque inféodation devint un véritable démembrement, qui forma, pour
ainsi dire, un Etat distinct & séparé de celui dont il étoit émané.

* Gregoire de Tours.

A v

Ce changement en fit naître un pareil dans le Parlement ; il ne fut plus compofé que des Vaffaux immédiats de la Couronne, qui prirent le nom de *Barons* & de *Pairs de France :* toute autre perfonne, à l'exception des Confeillers Lettrés, ne pouvoit pas y être appellée, parce qu'elle étoit réputée étrangere aux affaires qui fe traitoient dans cette Affemblée ; d'ailleurs ceux qui tenoient des fiefs relevans d'un autre Seigneur que du Roi, n'étoient point obligés de lui prêter ferment : c'eft ce que les Ordonnances nous apprennent encore mieux que l'Hiftoire.

Quelque tems après fe firent plufieurs réunions à la Couronne : les arrieres Vaffaux du Roi devinrent *Barons du Royaume* ; de forte que le nombre des Membres du Parlement augmenta à proportion du progrès de ces réunions.

Cette double révolution, occafionnée par l'établiffement des Fiefs, préfente à VOTRE MAJESTE' les deux feuls changemens que votre Parlement ait éprouvé dans fa forme jufqu'en 1302. Pendant ces premiers fiecles de la Monarchie il n'y a jamais eu en France pour l'expédition des affaires majeures qu'un feul Tribunal Souverain, qualifié dans des tems de *Placité général*, & dans d'autres de *Cour* ou de

Placité du Roi. Lorſque les Rois vos Prédéceſſeurs adminiſtroient la juſtice dans leur *Cour ordinaire*, & qu'il s'y préſentoit des affaires d'une certaine importance, ils ne ſtatuoient que ſur le proviſoire, & renvoyoient l'examen du fond au *Placité général.*

Ces deux Aſſemblées, dont l'une étoit *ordinaire* & l'autre *générale*, ne différoient entr'elles que par le nombre de ceux qui les compoſoient. L'une & l'autre étoient préſidées par le Roi; auſſi n'eſt-ce que dans le treiziéme ſiécle que le nom de Parlement fut plus ordinairement employé concurremment avec celui de *Conſeil* ou de *Cour du Roi*, pour déſigner ce même Tribunal, que l'on avoit connu pendant neuf cens ans ſous le nom de *Placité général* ou de *Placité du Roi.*

Ces faits, SIRE, ſont conſtatés par le texte de nos Ordonnances ; celle de 1287 eſt faite dans *le Parlement de la Pentecôte*, il y eſt nommé *la Cour du Roi*; c'eſt dans un Parlement de l'Aſſomption que S. Louis fit l'Ordonnance contre les blaſphemateurs ; elle a même un avantage particulier, & rélatif à ce que nous avons l'honneur de vous expoſer ; c'eſt qu'elle nous apprend que les Barons du Royaume faiſoient partie de ce Tribunal, que l'on

A vj

appelloit alors Parlement. Combien d'autres Ordonnances, fi ce pouvoit être la
matiere d'un doute, ne pourrions-nous
pas mettre fous les yeux de VOTRE MA-
JESTE': celle de Philippe-le Bel en 1302,
qui fixe à Paris les Séances du Parlement,
ne porte-t'elle pas un témoignage fuffi-
fant qu'il étoit indiftinctement dénommé
Cour du Roi, Confeil, ou *Parlement.*

Ces trois dénominations fe trouvent
dans les Ordonnances de 1381, 1383,
1394. Voudroit-on fe refufer à des preuves fi convaincantes, & fuppofer à votre
Parlement une origine qui ne remontât
qu'à 1302: que de monumens démen-
tiroient cette fuppofition! Comment la
concilier, & avec ces expreffions confacrées par tant d'Ordonnances, qui ne
caractérifent pas moins fa dignité que fon
effence, & avec les fonctions qui lui
ont perpétuellement été réfervées? Philippes VI. (1), le Roi Jean (2), Charles
V. (3), & Charles VI. (4), l'ont fans ceffe
reconnu pour être *la Cour de France, la
Cour Royale, la Cour Capitale & Souveraine*

(1) 4 Février 1335, 28 Février 1338.
(2) 7 Avril 1361, Décembre 1363.
(3) 19 Mars 1359, Mars 1364.
(4) 6 Mai 1389, Janvier 1391, Juin & 19
Novembre 1393, 13 Novembre 1403.

*de tout le Royaume, repréfentant fans moyen
la Perfonne & la Majefté de nos Rois ; étant
en cette qualité, le miroir, la fource, l'origine de la juftice dans l'Etat*, fous l'autorité du Souverain.

Quelles fonctions plus honorables que
celles que votre Parlement a toujours
exercées ! Les Princes de votre fang, les
Pairs de France, n'ont jamais reconnu
d'autres Juges que cette Cour ; c'eft elle
qui fous Gontran fe réunit à celle de
Childebert, pour juger l'accufation d'un
crime d'Etat ; c'eft elle qui fous la feconde race de nos Rois condamna Taf-
fillon, Roi de Baviere, & fes complices;
Bernard, Roi d'Italie, & tous ceux qu'il.
avoit entraînés dans fa révolte ; c'eft devant ce Tribunal que Carloman, accufé
de crime de rébellion, fut traduit ; c'eft
toujours le même Tribunal qui, fous les
régnes de vos auguftes Ayeux, a été
Juge des premiers Officiers du Royaume,
des Princes, de l'Empereur même, des
Rois de Sicile & d'Angleterre, en leur
qualité de Vaffaux de la Couronne.

Quelque multipliées que foient les
preuves qui juftifient que le *Parlement* ou
le *Confeil* fédentaire à Paris, étoit le
même Corps qui fubfiftoit avant 1302,
nous fupplions V O T R E M A J E S T E' de

nous permettre d'en rapporter une, si glo-
rieuse à votre Parlement, qu'elle est digne de mettre le sceau à toutes les autres.

C'est l'honneur, SIRE, de n'avoir
jamais eu d'autre chef que le Souverain
même. Si cette noble prérogative du
Parlement pouvoit encore avoir besoin
de quelques preuves, la seule lecture des
Ordonnances des 11 Mars 1344, & 17
Décembre 1352, suffiroit pour con-
vaincre. On y verroit que lorsque les
Rois évoquoient quelques affaires, c'é-
toit toujours pour les juger en personne
dans leur *pleine Cour*.

C'est pourquoi ayant souvent observé
que ces sortes d'Evocations, qui réque-
roient leur présence, étoient préjudi-
ciables par les retardemens qu'elles occa-
sionnoient dans l'administration de la Justice, ils ordonnerent les 22 Juillet 1350,
& 15 Août 1389, qu'on n'eût plus d'é-
gard aux Lettres de cette espéce, & que
sans attendre la présence du Souverain,
il fût procédé au jugement des Procès.

La qualité de Chef de la Justice est tel-
lement inséparable de la Majesté Royale,
que le Corps dont les Membres portent
l'auguste titre de *Ministres essentiels des
Loix*, ne peut avoir d'autre Chef que

le Souverain ; & que d'un autre côté, le Corps dont le Roi se déclare le Chef, doit être néceffairement compofé de ces mêmes Miniftres. Ces deux propofitions ont entr'elles une réciprocité fi néceffaire, qu'elles ne peuvent être préfentées féparément. Auffi Louis XI dans fon Ordonnance du 21 Octobre 1467, reconnoit-il les Officiers de fon Parlement pour être *les Miniftres effentiaux des Loix, comme Membres du Corps* qui n'a point d'autre *Chef* que le Souverain.

Il eft donc, SIRE, bien établi que votre Parlement ne changea point de nature en 1302 ; qu'il continua d'être véritablement la Cour de nos Rois, celle où ils rendoient eux-mêmes la juftice, celle qui dans leur abfence rempliffoit cette importante fonction à leur décharge, & comme ayant l'honneur de *repréfenter fans moyen leurs Perfonnes facrées.* Nous pouvons même dire avec vérité, qu'il ne ceffa point d'être effentiellement ce Confeil, fur lequel nos Rois fe repofoient en partie du foin de l'adminiftration, & qu'ils confultoient dans toutes les affaires de quelque importance. Auffi trouvons-nous fous Philippe-le-Bel & fes fucceffeurs, jufqu'à Charles VII, des Confeils tenus fréquemment, tantôt avec une partie, & tantôt avec l'univerſalité des Membres du Parlement.

Si depuis la fixation à Paris des Séances que votre Parlement avoit déja coutume d'y tenir, nos Rois qui juſqu'alors avoient, avec l'aſſiſtance & au milieu de leur Cour, conduit l'adminiſtration dans toutes les partïes du Gouvernement général, attacherent à leur ſuite quelques Perſonnes priſes dans le Parlement, & que leur confiance ne chargea que de l'adminiſtration œconomique & journaliere, le Parlement entier n'en fut pas moins le ſeul & véritable Conſeil de nos Souverains, dans lequel ils continuerent toujours de traiter, ou du moins de réſoudre tout ce qui pouvoit appartenir à l'ordre légiſlatif.

Tout annonce même que leur intention ne fut point d'ériger un nouveau Tribunal, ni de détacher du Parlement ces dépoſitaires particuliers de leur confiance, pour en former un nouveau Corps diſtinct & ſéparé de la Cour du Roi, hors de laquelle ils ſe ſeroient trouvés ſans caractere.

Qu'il eſt ſatisfaiſant pour nous, SIRE, de pouvoir aujourd'hui rendre un hommage bien glorieux à la mémoire de ces Souverains, en remettant ſous les yeux de VOTRE MAJESTE' les preuves les plus autentiques de la crainte qu'ils avoient de violer, par des nouveautés toujours dangereuses, les Loix fondamentales de leur Etat.

Ils n'ignoroient point que la constitution de la Monarchie ne permettoit pas qu'aucun nouveau plan de Gouvernement pût préjudicier aux droits essentiels de leur Cour. Aussi ne cesserent-ils point de rapporter au Corps du Parlement, comme à leur véritable Conseil, la plénitude des fonctions mêmes qu'exerçoient auprès de leur Majesté, ceux des membres de cette Cour, qu'ils avoient attachés à leur suite.

C'est par cette raison que depuis 1302 nous les voyons encore tant de fois au milieu de leur Parlement dans les affaires importantes, prendre des résolutions, prononcer des Jugemens, dicter des Loix, faire en un mot tous les actes qui appartiennent à la Souveraineté. De-là, SIRE, cette maxime fondamentale, qu'il est d'une indispensable nécessité, que (1) *toutes Loix reçoivent dans votre Parlement leur dernicre forme* par l'enregistrement qui

_____

(1) Discours de M. le Maître, Avocat Général, dans un Lit de Justice du 13 Juin 1499. Reg. du Parl.

en eſt ordonné : maxime qui ne tend point
à diminuer , ou à partager votre autorité
ſouveraine , mais plutôt à vous conſerver ſans altération tout l'éclat , toute la
plénitude de ce pouvoir ſuprême qu'exerçoient autrefois ſi ſolemnellement ces anciens Conquérans fondateurs de la Monarchie. Ils étoient , S I R E , auſſi puiſ-
ſàns , auſſi reſpectés par la ſageſſe & l'autorité de leurs Loix , que par la force de
leurs armes. Quelle eſt ſacrée, cette maxime , quelle eſt précieuſe à votre Etat !
C'eſt à ce germe de ſa félicité & de ſon
agrandiſſement , qu'il eſt redevable de
treize ſiécles de gloire & de ſplendeur.
Permettez-nous donc, en ce moment, de
la réclamer en ſon nom , comme un gage
aſſuré de ſa proſpérité future. Supérieure
à la révolution des tems , au changement
des mœurs , à l'altération inévitable de
tous les établiſſemens arbitraires , elle
nous ramene à l'origine de la Monarchie.
Ce qu'étoit autrefois le Souverain par
rapport au Parlement ; ce qu'étoit le Parlement par rapport à ſon Souverain, c'eſt
encore aujourd'hui ce qui conſtitue le
rapport intime qui unit eſſentiellement
votre Parlement à VOTRE MAJESTE'.
Nos Souverains & leur Parlement ne faiſoient qu'un même Corps : également in-

diviſible , cet auguſte Corps ſubſiſte toujours : vous en êtes , SIRE , *le Chef* ; les
Magiſtrats de votre Parlement en ſont les
membres. Toujours préſent au milieu de
ce Sanctuaire, où votre ſageſſe & votre
autorité *réſident habituellement* , vous y
délibérez avec les Officiers de votre Parlement , comme vos auguſtes prédécef-
ſeurs , lorſque les Loix que les circonftances exigent, y ſont examinées : & de
même que les premiers Monarques qui
vous ont tranſmis la Couronne , vous ne
conſommez de Loix qu'au milieu de votre
Cour, au milieu de ce Parlement, dont
nous oſons vous dire d'après votre auguſte Biſayeul (1) , *que la dignité fait une*
partie eſſentielle de la vôtre.

Dans ce point de vûe ſi lumineux ,
vous appercevez , SIRE , que le droit
de délibération , en vertu duquel votre
Parlement procéde à l'enregiſtrement
des Edits de nos Rois , n'eſt pas ſeulement fondé ſur un motif d'utilité publique , mais qu'il eſt eſſentiel à la conftitution de votre Parlement & de la Monarchie ; que ce droit eſt le même qu'il
a exe cé de toute ancienneté , le même
que nos Souverains ont perpétuellement

(1) Edit de 1644 en Juillet, regiſtré le 19
Août.

reconnu , tantôt en venant en Perfonne traiter dans cette Cour les affaires les plus importantes de l'Etat , tantôt en demandant que le Parlement fuppléât , par fon fuffrage & fon enregiftrement , la délibération , qui , par quelques circonftances particulieres , n'avoit pû précéder la rédaction de la Loi.

Si ces tems éloignés ne nous étoient pas retracés par une poffeffion conftante , & qui juftifie la tradition des verités que nous avons eu l'honneur de vous développer , combien de monumens n'aurions-nous pas à vous préfenter , SIRE , qui établiroient que les Ordonnances anciennes ne fe faifoient que *de l'avis & du confentement des Barons* (1), membres nés du Parlement ; que celles qui n'avoient point été dreffées dans le Parlement avoient befoin , pour que leur exécution *fût perpétuelle* (2) *& irrévocable , d'être publiées publiquement en Parlement , & entre les autres chofes enregiftrées dans le Livre des Ordonnances Royaux.*

Une multitude d'autres Ordonnances feroient connoître quel étoit l'objet & le

(1) De affenfu & confilio Baronum. *I. Vol. des Ordonnances du Louvre.*

(2) 10 Juillet 1336. Mai 1355. Mars 1356. Juillet 1366. Août 1374.

caractere des délibérations qui devoient précéder ces enregiftremens. Il en eft un grand nombre qui avertiffent les Magiftrats que rien n'eft plus augufte & plus important que la fonction qu'ils ont à remplir en délibérant fur l'établiffement des Loix : que leur *confcience* (1) *eft chargée de la juftice ou de l'injuftice de ces Loix ; que la religion du ferment doit préfider à leur examen ; que fi les Lettres du Prince ne font conformes à la juftice & à la raifon, fi elles contrarient ou contreviennent aux Ordonnances, fi elles déclinent de l'ordre & ancienne obfervance d'icelles, ou y dérogent en tout ou partie, ils doivent les déclarer nulles, injuftes, ou fubreptices ; ou, fuivant les circonftances, inftruire la religion du Souverain ; fur peine d'être eux-mémes reputés défobéiffans au Prince, & infracteurs des Loix.*

D'autres Ordonnances conftateroient, par la conclufion même qu'elles portent, *qu'elles ont été corrigées dans le Parlement,* (1) ou *récrites & fignées fuivant & confor-*

(1) Mars 1302. Décembre 1344. Juillet 1379. 15 Août 1389. Avril 1453. 22. Décembre 1499, &c.

(2) Ordonnances du Louvre : Septembre 1368. Mars 1370. 25 Juillet 1366. Décembre 1364. Avril 1364.

mément à la correction du Conseil , étant dans la Chambre du Parlement.

Ces maximes , SIRE , étoient le langage ordinaire de nos Rois : Nous voyons dans leurs Capitulaires qu'ils n'ont point cessé de recommander à leur Parlement ces mêmes devoirs : & l'Histoire de la Monarchie est en même-tems le tableau de l'exactitude avec laquelle il s'en est toujours acquitté , & qui a mérité dans tous les tems aux Membres de cet auguste Corps l'avantage de porter d'une maniere spéciale le titre glorieux de *Fidéles* ou *Féaux* (1).

Combien d'autres témoignages ne trouverions-nous pas dans les réponses , dans les actions de nos Rois , dans leur conduite même à l'égard des Puissances Etrangeres ! Loin d'improuver le zéle avec lequel votre Parlement remplissoit ces mêmes devoirs , ils ont sçu rendre justice à sa fidélité. Louis XI la reconnut , lorsqu'il *jura* aux Membres de son Parlement (2), *qu'il leur seroit bon Roi , & que de sa vie il ne les contraindroit à faire chose contre leur conscience.*

Nous interrompons, SIRE , pour quelques momens, la suite des monumens qui

(1) Fideles nostri.
(2) Vie de Louis XI.

d'âge en âge ont perpétué jufqu'à nos jours les grandes maximes dont VOTRE MAJESTE' vient de voir le germe & le développement: jufqu'ici le plan du Gouvernement fur lequel s'eft élevé cet Empire, eft folidement établi ; jufqu'ici dans toutes les parties de l'Etat, rien ne fe préfente qui altére l'harmonie genérale, ou qui s'efforce de s'élever à côté de ce Corps national, & d'en partager la nature & les fonctions : le Grand-Confeil n'étoit pas encore inftitué.

Quel coup d'œil dans le tableau que nous venons de vous préfenter ! quelle grandeur ! quelle juftefle ! mais quelle fimplicité dans le plan que la fageffe de nos premiers Monarques a tracé ! un feul Souverain ; un feul Tribunal ; un feul fyftême de Loix : trois principes de l'ordre politique, mais principes qu'un lien indiffoluble unit à jamais, ou plutôt qu'une heureufe & faine conftitution incorpore, & confond, pour ainfi dire, enfemble.

Un Souverain, mobile univerfel, ame de tous fes Etats, qui feul agit par-tout, dont les moindres impreffions fe portent avec rapidité dans toute l'étendue du Corps politique, & forment à l'inftant même des mouvemens proportionnés aux vûes de leur Auteur, mais des mouve-

mens qui femblent naître dans les membres eux-mêmes : un Tribunal , ou plutôt
un Sanctuaire augufte , où font fcellés à
jamais ces engagemens facrés qui conftituent la Monarchie; où le *Souverain réfi-*
de habituellement ; où fe concentre l'Etat;
où la Loi fe prépare , fe détermine , fe
confomme , fe dépofe & s'exécute; dans
lequel enfin *le Roi* (1) , *l'Etat & la Loi*
forment ce tout inféparable , chef-d'œuvre
d'une politique qui a droit de prétendre
à l'immortalité : des Loix, qui font la volonté fouveraine & toujours jufte du
Prince , mais qui dans l'inftant même où
elles émanent du Trône, font déja le vœu
libre de la Nation.

Telle eft , SIRE , la conftitution de
votre Monarchie : quel Corps, né depuis
l'Etat , & dans l'Etat , oferoit troubler
cette admirable & ancienne œconomie?
Quel Tribunal entreprendroit de difputer
à votre Parlement le rang & les fonctions
qu'il remplit dans cet ordre majeftueux,
qui remonte aux fiécles les plus reculés;
de s'infinuer en quelque forte entre le
Prince & fa Cour , entre l'Etat & le Tribunal de la nation; de fe dire, ou concurremment avec le Parlement , ou au pré-

(1) Boffuet, politiq. tirée de l'Ecriture fainte.
judice

judice du Parlement, la *Cour du Roi*, le
centre de l'Etat, le dépôt national & effentiel des Loix, *le chef-lieu, la fource &*
l'origine de toute la Juftice dans le Royau-
me : ou, fans avoir ces titres éminens &
incommunicables, prétendre s'affocier à
ces *hautes & importantes* fonctions que
peuvent feuls exercer le Souverain &
ceux qui forment un même Corps avec
lui ; délibérer fur les Loix, les confacrer,
leur imprimer le dernier caractere, & le
fceau de l'autorité fouveraine ?

Ce font, SIRE, vous aurez peine
à le croire, ce font les prétentions qu'é-
levent aujourd'hui les Gens du Grand
Confeil. Ce nouveau genre de Tribunal
inconnu dans la Monarchie pendant plus
de mille ans, préparé par les troubles
qui agiterent les Regnes malheureux de
Charles VI. de Charles VII. & de Louis
XI., annoncé par la multiplication des
defordres qui intervertirent le cours régulier de la Juftice, né tout à coup fous
les aufpices d'un Acte qui bleffoit les formes effentielles de la conftitution de
l'Etat, toléré plutôt que reconnu dans
l'ordre des Jurifdictions, devenu prefque en naiffant rival du Corps entier de
la Magiftrature dans lequel réfide effentiellement le dépôt des Loix du Royau-

B

me & le caractere légitime de leur autorité, entreprend aujourd'hui d'effacer
les premiers Tribunaux dont ce Corps
eft compofé, & de fe fubftituer à leur
place.

Depuis un fiécle, SIRE, des orages
redoublés agitoient la France, lorfque
Charles VIII. monta fur le Thrône. At-
taquée par des forces étrangeres, plus
défolée encore par fes diffentions intef-
tines, Elle n'avoit pû depuis long-tems
s'occuper que de fes malheurs. Dans ces
conjonctures critiques, les Loix, la conftitution de la Monarchie, l'exacte tradition du Gouvernement politique, la
forme primitive & effentielle de l'adminiftration de la Juftice, tout fuccombe
ordinairement fous les coups que reffent
l'Etat entier, tout demeure enfeveli pour
un tems dans le cahos général. Le Thrône
de nos Rois fut malheureufement en
butte aux plus violentes factions : bientôt furent éloignés de la Perfonne du
Souverain ces Magiftrats recommandables, ces Membres de la *Cour du Roi*,
préfentés, pour ainfi dire, au Souverain
par les mains de la Juftice.

Les Chefs des différens Partis s'appli-
querent fur-tout, & ne réüffirent que
trop, à fe ménager auprès du Roi de

ferviles Miniftres de leurs paffions. Ce
ne fut plus dès-lors ni l'ancienne œconomie du Royaume , ni le choix tranquille
& libre des Souverains qui difpofa de l'entrée dans leur Confeil : l'efprit de parti ,
les intérêts , les brigues y introduifirent
toutes fortes de perfonnes fans ordre (1) , *fans*
nombre , & fans expérience au fait de la
Juftice. Quel pouvoit être , S I R E , le
refpeét de femblables Confeillers pour les
Loix de l'Etat qu'ils ignoroient , pour
l'ordre des Jurifdictions dans lequel ils
n'occupoient aucun rang , pour l'honneur
des Tribunaux qu'ils avoient perpétuellement à redouter , pour l'adminiftration
réguliere de la Juftice dont les principes
font incompatibles avec les vûes fac-
tieufes qui les animoient ?

De là une multitude d'Evocations
faites fans régles & fans bornes , qui ,
fous prétexte d'attirer les Caufes dans
votre Confeil , ne tendoient réellement
qu'à empêcher que les Citoyens (2) *ne*
puffent pourfuir leur droit. Ce double abus
qui changeoit abfolument & la nature &
les fonctions de votre Confeil , excita
les plaintes les plus vives des Etats af-
femblés à Tours. Ils demanderent inf-

(1) Cahier des Etats de Tours en 1483. Ch.
de la Juftice.

(2) Ibid.

E ij

tamment au Roi , d'un côté , que le *nombre* (1) de ceux *qui feroient mis à l'avenir avec le Chancelier* fût déterminé , & qu'ils fuffent choifis avec plus d'attention , *bien renommés & experts en l'adminiftration de Juftice* : mais ce fut fur-tout contre l'abus des Évocations que le Corps entier de l'Etat porta vers le Souverain fes juftes fupplications , en lui demandant *qu'aucunes* (2) *Evocations ne fuffent faites de quelques Caufes que ce fût au Grand Confeil ne ailleurs , ne en icelui introduites Caufes en premiere inftance , & que celles qui y étoient évoquées & introduites , fuffent renvoyées devant les Juges dont elles étoient évoquées.*

Quel eût été , SIRE , l'étonnement ou plutôt la douleur de vos peuples, s'ils euffent pû penfer que les mefures mêmes que le Souverain crut devoir prendre pour remédier aux défordres & aux maux dont ils fe plaignoient, ne duffent, par une fatalité imprévûe, produire d'autre effet que celui d'affermir & de perpétuer le cours de ces mêmes Evocations qui leur caufoient tant de préjudice ! Charles VIII eut luimême des vûes bien différentes , il crut avoir à jamais rétabli le cours de la Jufti-

(1) Ibid.
(2) Ibid.

ce (1) *par les Ordonnances qu'il avoit faites à Cléry , & en la ville de Tours ,* contre
les Evocations. Il les annonça à fes peuples comme leur fauve-garde ; il leur in-
diqua la maniere dont les parties *pourroient en avoir la copie , pour eux en aider
quand & ainfi que metier feroit.* Mais en
même tems Charles VIII occupé du defir
de remédier au premier défordre qui avoit
entraîné celui des Evocations , & de fe
mettre lui-même en état de pouvoir accorder fa confiance à ceux qui environ-
neroient à l'avenir fa perfonne , affura les
Etats qu'il (2) *pourvoiroit fi bien , que le
Confeil avec le Chancelier feroit garni de
bons perfonnages & gens de bien.*

Quoi de plus féduifant , SIRE , que le
moyen fuggeré pour y parvenir ! L'idée
de fon utilité apparente prevint les réflexions que l'on eût dû faire fur le danger d'introduire dans l'Etat fous ce prétexte un établiffement nouveau, fur l'ordre
ancien & general du Royaume. L'inftitution d'un *Corps & Collége* dans ce Confeil , dont les Membres jufqu'alors ifolés
& fans caractere , n'avoient eu dans les

(1) Réponfe du Roi au Cahier des Etats de
Tours.

(2) Réponfe du Roi à l'article commençant
Item & pour ce que &c. des Cahiers des Etats de
Tours.   B iij

affaires d'autre part que celle que la confiance du Souverain jugeoit à propos de leur donner, parut un établissement capable d'assurer pour l'avenir & le nombre & le choix de ceux qui entreroient dans l'administration œconomique du Royaume.

Si l'objet de cet établissement eût été, SIRE, de faire entrer les Gens du Grand Conseil dans l'enchaînement sacré des Jurisdictions ordinaires, de leur faire part du caractere auguste qui constitue le Magistrat; étoit-il possible d'ignorer que le projet le plus intéressant & de la plus grande importance pour l'Etat entier, un projet qui nécessairement eût opéré une nouvelle distribution politique dans le Royaume, exigeoit, plus qu'aucune autre Loi, tout l'appareil de la Majesté Souveraine, la délibération du Parlement, le sceau essentiel de l'enregistrement dans cette Cour, & l'inscription dans les Registres des Ordonnances Royaux? Ajoutons que si le Grand Conseil eût été destiné à tenir un rang entre les autres Tribunaux, il eût encore été nécessaire de lui attribuer un être semblable à celui des autres Jurisdictions, en caractérisant d'une maniere précise la nature de son autorité, l'objet de son insti-

tution, le rapport qu'il auroit avec les
autres Tribunaux, soit à titre de Ressort,
d'égalité ou d'infériorité ; en lui assignant
enfin un territoire & un objet propre &
fixe de Jurisdiction. Mais loin de lui donner aucun de ces caracteres, l'Edit n'ex-
prime les droits dont jouiront les Gens
du Grand Conseil, que par une énonciation
vague & indéterminée d'*honneurs, droits,
& prérogatives, semblables à ceux qu'ont
accoutumé d'avoir les Conseillers des Cours
Souveraines* : expressions qui peuvent an-
noncer quelques priviléges purement per-
sonnels, quelques marques de distinction
accordées à des particuliers, mais qui ne
seront jamais pour un Tribunal le titre
constitutif de son autorité, de ses fonctions & de son existence.

L'innovation, dont le prétexte étoit
d'établir une meilleure police dans le
Conseil, existoit à peine, qu'un nouveau
Regne sembla favorable pour porter, par
le projet & l'exécution d'un plan nouveau,
la premiere atteinte à l'ordre essentiel qui,
constamment suivi jusqu'alors, faisoit depuis mille ans fleurir la Monarchie.

Le nouveau *Corps* qui venoit de se former avec des attributs si peu déterminés,
ne se contenta pas d'obtenir une confir-
mation aussi irréguliere que l'étoit son in-

ſtitution. Un Edit que les Gens du Grand
Conſeil préſentent comme émané du Souverain dont le Regne commençoit, annonce qu'un ſimple *Corps & Collége* porta ſes vûes, juſqu'à vouloir ſe mettre en
quelque ſorte au nombre des *Cours*, juſqu'à chercher à ſe donner l'apparence
d'un caractere permanent, & d'une autorité véritable.

Dans l'Edit accordé aux Gens du Grand
Conſeil, fut réunie la triple dénomination
de *Corps*, *Cour & Collége*, & l'on eut ſoin
de ſubſtituer à cette conceſſion vague
d'honneurs, *droits & prérogatives*, qu'il
n'avoit pas paru poſſible d'excéder en
1497, les expreſſions, *d'autorité ſouveraine*
partout le Royaume, *Pays*, *Terres & Sei-*
gneuries du Roi, *& toute telle qu'ont les au-*
tres Cours Souveraines établies en divers
lieux du Royaume en leurs limites &
Reſſorts.

Que de réflexions, SIRE, ne naiſſent
point, & des circonſtances qui ont donné
lieu à cet Edit, & de ſon texte ! A peine le
Grand-Conſeil peut-il compter une année
d'exiſtence en *Corps & Collége*, il n'eſt pas
même encore un Tribunal ; il commence
à l'inſtant même d'en prendre le titre, &
déja c'eſt un Rival qui ſe meſure avec ces
Cours anciennes, qu'une longue ſuite de

fiécles autant que lesLoix conftitutives de
l'Etat confacre & lie effentiellement avec
le Corps entier de la Monarchie.

Mais quelle idée peuvent préfenter ces
termes fi pompeux, *d'autorité fouveraine*
partout le Royaume, TOUTE TELLE qu'ont
les autres Cours Souveraines dans leurs limites
& Refforts ? Le Grand-Confeil eft-il devenu le Tribunal de la Nation, la Cour du
Roi & des Pairs ; a-t-il enlevé ces glorieux titres à Votre Parlement, ou ce
rang augufte peut-il être partagé ? Le
Grand-Confeil acquiert-il en un moment
le droit de tirer des mains du Parlement
le dépôt des Ordonnances, de confommer à l'avenir, par l'impreffion de fon fuffrage, le caractere fuprême dans ces mêmes Loix, que quelques-uns des Gens du
Grand-Confeil ne faifoient, deux années
auparavant, que préparer & propofer,
pour être folemnellement réfolues par la
délibération du Roi & de fa Cour ? Quel
eft donc ce phantôme fi impofant, ce
parallele fi complet, *d'une autorité TOUTE*
TELLE, par tout le Royaume, qu'ont les
autres Cours Souveraines dans leurs limites
& Refforts ?

Qu'il nous foit permis, SIRE, de développer encore à cet égard de nouvelles
vûes, d'après les premiers principes qui

B v

conftituent l'effence & les divers dégrés
des jurifdictions. Leur établiffement & leur
ordre n'ont pas été formés fur des vûes
arbitraires : comme ils font entrés de tout
tems & effentiellement dans le plan de la
Société civile & politique, c'eft dans les
notions fimples & dans l'œconomie naturelle de ce plan, qu'il faut chercher l'origine & le véritable fyftême de l'un & de
l'autre.

Auffi utile que naturelle aux hommes,
la Société formée entr'eux pour la tranquillité commune, par leurs befoins &
par leurs defirs, ne vit pas moins, dès
fon origine, naître de fes principes même
des troubles qui commencerent à éclater
par des voyes de fait. Le premier vœu
des hommes réunis fut donc d'arrêter
promptement & de prévenir ce qui troublant la Société naiffante, pouvoit la dif-
foudre ; & ce vœu fi naturel ne dût les
conduire qu'à établir entr'eux, foit à
l'égard des perfonnes, foit à l'égard des
poffeffions & des droits, un ordre dont
l'équité fût le principe, l'ame & la régle.
De là furent d'abord foumifes à la Juftice, *les voyes de fait*, par lefquelles cet
ordre commença d'être violé.

Le plan & la confervation de cet ordre
demandoient une autorité pour le foute-

nir, des Loix pour le regler, & des Miniſtres
pour exercer cette autorité, en obſervant
& maintenant ces Loix.

De là, toute Société eut un ou pluſieurs
Chefs, un Conſeil ſuprême & des Juges
particuliers.

La Juſtice d'autant plus utile à l'ordre
& à l'union, qu'elle eſt plus prompte,
exigea tout à la fois pour remplir ſon
objet diligemment, ſans confuſion, avec
exactitude, & que les Juges fuſſent le plus
à portée des lieux où le trouble pourroit
s'élever ; & que la vigilance de ces Juges
fût attachée & bornée à des lieux fixes &
limités; & que le Conſeil de la Société
fût placé entre le Chef & ces Juges, pour
veiller en ſon nom ſur eux & ſur leur adminiſtration, pour la diriger, & la ré-
former même ſur les Loix, & pour la
ſoutenir par l'autorité. L'humanité, qui ne
permettoit pas plus que la Juſtice, que
ſur un examen unique on pût décider de
l'honneur & de la vie des hommes, fut un
nouveau motif de leur accorder dans la
réviſion de ce Conſeil de la Société, un
recours utile & néceſſaire contre la foi-
bleſſe & la fragilité humaine.

Ainſi *les voyes de fait* devinrent moins
fréquentes par la facilité que cette police, ſoit inférieure ſoit ſouveraine, exer-

cée *sur les personnes*, donnoit de réprimer la violence.

Mais *la fraude*, que cette police n'avoit pû prévoir, trouva bien-tôt des ressources pour susciter sourdement de fréquentes dissensions entre les hommes : l'intérêt personnel, né de la division nécessaire des *possessions* & des *droits*, produisit les contestations.

L'établissement, soit de Jurisdictions subordonnées dans tous les lieux où l'audace & la licence des hommes troubloient d'abord la société par des voies de fait, soit d'une Jurisdiction souveraine dans le Conseil auquel ces premiers Juges devoient répondre de leur administration, avoit eu le succès de contenir la *violence* ; il étoit conséquent que ce fût cette même œconomie déja subsistante qui contînt, ou du moins reprimât la *fraude*.

L'ordre nécessaire entre les hommes dans leurs *possessions* & leurs *droits*, quoique plus directement relatif aux intérêts des Particuliers, n'est pas moins essentiel à la société générale. De là, le rétablissement de cet ordre a dû être confié immédiatement aux Juges chargés de remédier aux troubles particuliers, & appartenir en même tems dans un degré

fupérieur au Tribunal fuprême, dépofitaire des droits de la fociété.

La détermination des premiers Juges
n'a pû fe faire que d'après la nature même du défordre. Le trouble uniquement
formé par des conteftations relatives aux
poffeffions & aux *droits*, étoit par cette
connéxité même attaché ou à la feule
fituation des poffeffions, ou au feul *domicile* de ceux qui conteftoient, trouble
qui par conféquent n'étoit pas moins *lo-
cal* que *perfonnel*.

De là, combien de raifons pour que
le Juge le plus voifin de ce trouble fût par
préférence chargé d'y pourvoir, parce
qu'il eft d'ailleurs le plus à portée de le
calmer ; pour que la tranquillité particuliere & *perfonnelle* fût confiée & dûe aux
Miniftres de la tranquillité *locale* & publique, aufquels il eft évident qu'il appartenoit déja d'y pourvoir par une fuite
& une conféquence néceffaire. Ainfi les
Juges des *perfonnes* & des *voies de fait*
dans *des lieux certains* devinrent confé-
quemment & néceffairement dans les
mêmes lieux les Juges des *poffeffions* ou
des *droits*.

La fortune des hommes demandoit-
elle moins d'ailleurs que leur vie & leur
honneur ces précautions prudentes &

néceſſaires., qui déja garantiſſoient la force , l'exactitude & l'équité de la Jurifdiction fur *les perſonnes* ? La Jurifdiction fur
les poſſeſſions & les droits ne dût pas être,
par conſéquent , & ne fut pas plus exempte de la ſupériorité eſſentielle & ſalutaire
du Tribunal ſouverain , qui , déja refuge
aſſuré de l'innocence , devint auſſi la reſ-
ſource de tous ceux qui voudroient réclamer l'équité la plus exacte & la plus
intégre.

Tel eſt , S I R E , le plan d'une police
également intéreſſante à la ſociété , & à
chacun de ceux qui la compoſent ; puiſ-
qu'elle conſerve tout-à-la fois par la Juſtice , les *perſonnes* , les *poſſeſſions* , les
droits , l'ordre , & le repos public & particulier : Police que les Juges ne peuvent
maintenir, qu'autant que l'aſſignation fixe
& la diſtinction marquée , ſoit de lieux
certains & limités , ſoit de Reſſorts réglés
& ordinaires , les mettent à portée de
veiller avec exactitude , ſans jalouſie &
ſans confuſion , fur les hommes & fur
tout ce qui les concerne.

Ainſi dans l'ordre de la Juſtice , ou plutôt dans celui de la ſociété, tout dérive ,
-S I R E , du *droit de police* , & tout s'y
rapporte ; ainſi le *droit de police* , ſoit inférieure , ſoit ſouveraine , eſt eſſentielle-

ment *territorial* ; ainſi le *territoire* donne à ce droit des *ſujets* & des *objets* propres ; ainſi toute Juriſdiction , telle
qu'elle puiſſe être , qui n'a ni *police* ni
territoire, n'eſt point une *Juriſdiction* proprement dite ; & elle eſt auſſi incompatible avec l'ordre de la ſocieté , qu'elle
lui eſt étrangere.

Quelle eſt néanmoins , SIRE , la Juriſdiction que les Gens du Grand-Conſeil
pourroient prétendre en vertu de l'Edit
de 1498 ? Cet Edit ne préſente l'idée d'aucun démembrement fait ſur le territoire
des Juges ordinaires , diſtribués dès lors
dans le Royaume : il ne peut donc attribuer aux Gens du Grand-Conſeil, ni objet certain , ni juſticiables déterminés ;
droits qui ne peuvent ſubſiſter ſans territoire.

Comment d'ailleurs cet Edit pourroit-
il attribuer un territoire , lorſqu'il ne
donne aucun droit de police ; droit ſi néceſſaire pour conſtituer un territoire tel
qu'il ſoit.

Voudroit-on néanmoins prêter à cet Edit
l'effet d'attribuer aux Gens du Grand-
Conſeil , tout le Royaume pour territoire ? Ce territoire indéterminé com-
prendroit-il la connoiſſance de toutes matieres , ou ſeulement de quelques-unes ?

Dans le premier cas les Parlémens feroient anéantis ; dans le fecond , quelles pourroient être les matieres , dont,
en vertu d'un Edit qui n'en fpécifie au-
cune], les Gens du Grand-Confeil auroient cependant la connoiffance ?

Pour découvrir & diftinguer ces matieres qui appartiendront aux Gens du
Grand-Confeil , aurons-nous recours à
cette aptitude que les Gens du Grand
Confeil trouvent dans l'Edit de leur établiffement , à connoître de toutes les affaires contentieufes fuivant les occurrences ? Quel attribut pour les Gens du
Grand-Confeil, que cet attribut unique
d'une aptitude vague par elle-même , &
qui ne peut être déterminée que par les
occurrences ; d'une aptitude qui ne ceffe
d'être vague , qu'autant qu'elle devient
arbitraire ; d'une aptitude qui , plutôt un
vice qu'une prérogative, exclut tout caractere & toute idée même de Jurifdiction !

Le Grand Confeil réclamera-t'il pour
objet de fon inftitution la connoiffance
des fins & limites des Refforts des Parlemens ? Les Edits de 1497 & de 1498
ne préfentent rien de relatif à cette attribution, dont il n'eft pas même en poffeffion , & qui d'ailleurs ne fuppoferoit
encore ni territoire ni Reffort.

Mais, SIRE, toutes nos obſervations
ſont ici ſurabondantes : il eſt dans les
Edits dont nous venons de parler un
vice radical, qui ne permet pas qu'on
puiſſe y trouver le caractere de Loi publique; ils n'ont point été vérifiés dans
votre Parlement : & le Grand-Conſeil
ne pourroit aujourd'hui les réclamer comme des titres légitimes, ſans déclarer hau-
tement qu'il ignore , ou qu'il mépriſe
celle de vos Loix, qu'on a toujours reconnu pour être la *plus ſainte*, & la plus
intimement liée avec les maximes fondamentales de l'Etat.

Cependant, SIRE, le Grand-Con-
ſeil a continué de ſubſiſter ; mais les changemens qu'il a éprouvés annoncent bien
le peu de conſiſtance que les titres de ſa
création lui avoient donnée.

Il s'eſt bientôt trouvé ſéparé du Conſeil de VOTRE MAJESTE', *dans lequel* il paroiſſoit avoir été inſtitué , &
qui, ſuivant les termes d'un de nos Rois,
(1) *n'a jamais été un Corps.* Par une gradation aſſez prompte, il eſt parvenu au
point d'être un Corps abſolument iſolé,

_____

(1) Compte rendu par les Gens du Roi le
27 Juin 1579, de ce qui leur avoit été dit par le
Roi. *Reg. du Parlement.*

qui dans le fait, n'ayant plus rien de commun avec les fonctions de votre Conseil, & dans le droit, ne pouvant s'élever à la dignité de Cour Souveraine, s'est ainsi trouvé placé entre deux, voulant souvent être l'un & l'autre, & n'étant cependant rien de certain.

Dans une position si nouvelle & si inconcevable, le sens vague des Actes qui avoient établi le Grand-Conseil, lui parut un titre suffisant, ou du moins un prétexte pour étendre arbitrairement à toutes sortes d'objets une autorité qui n'en avoit aucun de connu, & dont on ne pouvoit ni déterminer les bornes, ni définir la nature.

En 1516 parut le Concordat. Cet ouvrage de la politique de Leon X. & de la confiance de François I. dans un de ses Ministres, trouva dans le Parlement une résistance proportionnée à son attachement inviolable à la *Pragmatique*, cette Loi de l'Eglise & de l'Etat, rempart le plus assuré de nos libertés. C'est l'époque, SIRE, & le principe de l'aggrandissement du Grand Conseil. François I. qui sçavoit qu'un enregistrement fait *par* (1) *impression grande & comme par con-*

_____

(1) Instructions données par Charles IX, à M. Duferrier, Ambassadeur à Rome, en 1561. *Pr. des Lib.*

trainte , ne pouvoit pas déterminer fon Parlement à fe conformer au Concordat, au préjudice des maximes fondamentales du Royaume, attribua aux gens du Grand-Confeil la connoiffance de tout ce qui feroit relatif à l'exécution de cet Acte. Il ne faut point, SIRE, d'autres preuves juftificatives de la conduite de votre Parlement, que les regrets que témoignerent à l'article de la mort François I. & le Miniftre dont il avoit fuivi les confeils. C'eft dans ce dernier moment que le voile de l'illufion fe déchire, que l'ame s'éleve au-deffus de tout ce qui l'environne , que l'efprit n'eft plus attentif qu'aux témoignages de la confcience, que nos yeux, prêts à fe fermer pour toujours, femblent fouvent s'ouvrir pour la premiere fois : c'eft alors auffi que les inquiétudes que le Roi & le Miniftre témoignerent, ne permirent point d'ignorer qu'ils reconnoiffoient que le Parlement, fidéle à fes devoirs & à fes fermens, n'avoit cherché qu'à fervir le Souverain, l'Eglife & l'Etat.

Le Grand-Confeil fut ainfi redevable de fon aggrandiffement à des Actes auffi peu réguliers que ceux de fon inftitution. Le dégré de faveur auquel il parvint dans cette occafion , fut une fource de nouveaux troubles dans l'administration de la Justice. Bientôt les Evocations & les attributions se multiplierent : bientôt aussi on vit tous les Ordres du Royaume se plaindre de ces abus. Quoique la religion du Prince eût été souvent éclairée sur les inconvéniens de ces Evocations & attributions, elles étoient si fréquentes en 1560, que les Etats d'Orleans représenterent à Charles IX, que (1) *toutes Evocations, comme contraires à l'Ordonnance établie en la Justice, & de tout tems gardée & observée , dont n'advient que foule & oppression au Peuple & perturbation du repos public , devoient être cassées, rescindées & annullées.* Et quel fut le reméde unique qu'ils crurent capable de les en préserver à l'avenir ? Ils demanderent qu'il *plût* (2) *au Roi supprimer & abolir le Grand-Conseil pour les grands frais que le peuple en supporte , & pour ce que ses* (3) *Sujets sont grandement travaillés & molestés des Jurisdictions extraordinaires par le moyen desquelles ils sont souvent pour peu de choses distraits de leurs Jurisdictions , & contrains d'aller plaider loin de leurs domiciles.*

(1) Cahiers des Etats d'Orleans, troisiéme Cahier de la Noblesse , titre de la Justice, art. 17.
(2) Ibid. art. 18.
(3) Ibid. Cahier du Tiers Etat, art. 142.

Le Roi, touché des juftes plaintes de
fes Sujets, eut alors la bonté de leur pro-
mettre *qu'il ne (1) feroit plus attribué au-*
cune connoiffance aux gens du Grand
Confeil que des fins & limites & Refforts
des Parlemens, & que toutes les autres
matieres pendantes audit Confeil & y ap-
pointées de préfent & jufqu'à huy, s'y pour-
roient terminer ; fans que déformais & après
la publication des préfentes réponfes, ils
puffent entreprendre connoiffance de nou-
veau d'aucunes matieres de quelque qualité
qu'elles fuffent, dont ils fe pourroient pré-
tendre fondés en vertu defdites commiffions
particulieres, ou autrement ; fous peine de
nullité, & d'être condamnés envers les par-
ties ès dépens, dommages & intérêts.

Le Roi n'oublia point la réponfe qu'il
avoit faite ; l'article 37 de fon Ordonnance d'Orleans y fut abfolument con-
forme ; il en ordonna même encore l'e-
xécution par l'article 15 de celle du 13 Octobre 1563.

Après des promeffes & des Loix fi fo-
lemnelles, ne pouvoit-on pas, SIRE,
fe flater que le cours régulier de la juftice
feroit rétabli pour toujours ? Les mêmes
abus cependant fe perpétuerent ; & quoi-

(1) Réponfe du Roi aux articles ci-deffus.

que la religion de nos Rois les eût porté
fouvent à révoquer des attributions faites
au Grand-Conseil, néanmoins en 1579
elles occasionnerent encore de la part des
Etats tenus à Blois les mêmes repréfentations qu'avoient faites les Etats d'Orleans. Alors le Parlement crut qu'il étoit
de fon devoir de fupplier très-humble-
ment le Roi, *qu'en cas* (1) *qu'il lui plût
retenir fon Grand Confeil, il fît* du moins
garder l'Ordonnance d'Orleans, article 37.

Le Parlement, S I R E, eut encore la
confolation d'être écouté favorablement
de fon Souverain. Le 28 Janvier 1580 le
Roi promit *de ne plus accorder* (2) *aucunes Evocations; que s'il s'en faifoit quelques unes, elles fe feroient fi bien à propos,
qu'on n'auroit caufe aucune de s'en plaindre:* il confentit que *tout ce qui feroit fait
au contraire des Ordonnances fût déclaré nul
& abufif, ainfi que toutes entreprifes de jurifdiction contentieufe faites par autres que
les Baillifs, Sénéchaux & Cours de Parlement.*

Mais quelle différence, S I R E, entre
l'époque qui commence à l'établiffement

(1) Remontrances du Parlement, du 8 Mai
1579, fur les Cahiers des Etats de Blois, art.
226.
(2) Reg. du Parlement.

du Grand-Confeil, & celle qui l'avoit pré-
cédé ! Avant l'établiffement du Grand-
Confeil, on ne trouve d'Evocations que
dans des tems de troubles : depuis que
le Grand-Confeil fubfifte en Corps dans
l'Etat, dans tous les tems les Evocations
fe multiplient, & cet établiffement devient le plus grand obftacle aux remédes.
Cette *jurifdiction contentieufe qui* ne devoit
être entreprife par autres que les Baillifs,
Sénéchaux & Cours de Parlement, fut la
feule occupation du Grand - Confeil. Il
fallut que le motif de faire fubfifter ce
Tribunal devînt le principe d'un nombre
infini d'Evocations : le bien de la Juftice,
l'intérêt des Citoyens, l'honneur des Tribunaux, le maintien des Ordonnances,
tout céda à la néceffité d'occup r les Gens
du Grand-Confeil : l'on mit, pour ainfi
dire, à contribution toutes les parties de
l'Etat pour fournir à l'entretien de ce
Corps extraordinaire ; & le Chancelier
ne laiffa pas ignorer au Parlement en 1645
qu'il falloit tolérer certaines *Evocations*
anciennes, parce que *fans elles* (1) *la*
Jurifdiction du Grand - Confeil deviendroit
inutile, laquelle n'a autre emploi que les
Evocations de cette qualité.

(1) Reg. du Parlement.

Jamais , S I R E , nous n'épuiserions
le détail immense des Evocations , qui ,
pour l'avantage du Grand-Conseil , ont
interverti de toutes parts le cours de la
Justice. Non seulement Evocations & attributions d'affaires particulieres ; mais
attributions des causes d'un très - grand
nombre de Corps & Communautés ; attributions de tous les procès nés & à naître de différens Particuliers ; attributions
plus étendues dans un tems , plus resser-
rées dans un autre ; toujours sans regle
fixe , sans mesure uniforme , sans caractere autentique.

On a vû , S I R E , jusqu'à des procès
criminels , objets plus intimement liés
avec la police de l'Etat , être portés au
Grand-Conseil , Tribunal sans territoire
& sans police ; jusqu'à des attributions
générales de toute une classe de procès
criminels. En 1594 on surprit de la bonté
du Souverain des Lettres qui portoient
au Grand-Conseil la connoissance du crime d'usure : mais le Parlement & les Juges inférieurs *sur les* (1) *occasions parti-
ticulieres qui se présenterent maintinrent les
Sujets du Roi à l'observation des Edits &
Ordonnances.* Le Grand-Conseil décerna

(1) 15 Décembre 1594. *Reg. du Parlement.*

de

des contraintes inutiles contre des Greffiers, decreta des Juges inférieurs ; ces pourſuites demeurerent ſans effet; & ces Lettres d'attribution furent bientôt expreſſément révoquées.

On a vû en 1531 le Grand-Conſeil prétendre, en vertu d'une Evocation & d'une attribution, la connoiſſance de tous les délits commis à l'occaſion des Bénéfices dans le Royaume. Mais l'attribution faite le 10 Mai 1531 fut ſurſiſe dès le 5 Septembre de la même année, & révoquée au mois de Mars 1545, ſur les remontrances des Cours, qui firent connoître au Souverain, qu'*au moyen de cette Evocation* (1) *pluſieurs excès demeuroient impunis, la réformation de pluſieurs Hôpitaux & aumôneries différée & retardée, dont pouvoit advenir plus grand déſordre, s'il n'y étoit pourvû.*

Quel mouvement n'eût pas excité dans le Royaume entier une attribution générale faite au Grand-Conſeil en 1623, de la connoiſſance des priviléges des Eccléſiaſtiques ! A peine, SIRE, Louis XIII. eut-il accordé des Lettres-Patentes aux inſtances de l'Agent du Clergé, qu'il en reconnut l'irrégularité & le danger.

(1) Edit de Mars 1545.

C

Le Chancelier les retira des mains de l'Agent, & (1) remit à votre Parlement *ces Letttres Patentes, même les conclusions du Procureur Général du Grand-Conseil.* Mais à peine une année s'étoit écoulée, que de nouvelles Lettres, semblables aux précédentes, furent surprises à la religion du Souverain. Instruit par la première réclamation, Louis XIII. eut la bonté d'écrire à son Parlement, (2) *qu'il n'avoit point entendu comprendre dans ses Lettres ce qui concernoit le Ressort du Parlement.* Mais les Magistrats qui n'étoient occupés que du bien public, & non de l'intérêt seul de leur Jurisdiction, ne se crurent pas dispensés de représenter au Roi, que tout le Corps de la Magistrature souveraine, répandu dans le Royaume, devoit être entendu sur une affaire dont les conséquences étoient universelles. Louis XIII., sur ces représentations, fit expédier des Lettres de surséance à l'exécution de celles dont se plaignoit son Parlement. L'année 1625 vit encore renouveller cette même entreprise ; mais le Parlement prévint l'expédition des Lettres, & obtint du Roi, *que la Cour* (3)

(1) Avril 1623. *Reg. du Parlement.*
(2) 29 Juillet 1624. *Reg. du Parlement.*
(3) 6 Septembre 1625. *Reg. du Parlement.*

fût maintenue en son autorité , & que la connoissance des différends du Clergé lui demeurât , ainsi & comme il avoit été de tout tems.

Mettons des bornes à une matiere qui n'en auroit point par elle-même ; jamais aucun ordre fixe ne put ni arrêter ni assurer l'étendue des attributions faites au Grand-Conseil. Nous ne vous présenterons plus, SIRE, que deux traits dignes de terminer & de caractériser, plus encore que tous les autres, l'esquisse que nous venons de tracer. On a vû le Grand-Conseil entreprendre jusqu'à l'enregistrement des impôts, jusqu'au droit de contraindre les peuples à les payer, consentir même de changer en quelque sorte son être & son nom, pour devenir CHAMBRE SOUVERAINE, formée des deux Sémestres du G. Conseil, & préposée à la levée de ces impôts, en vertu d'une Commission qu'il avoit vérifiée. Peut-être une telle innovation fût-elle devenue le principe irréparable de gémissemens éternels des peuples, si le Ministere public n'eût, à l'instant même, réclamé l'ordre interverti, & protesté (1), *qu'il n'y avoit apparence de souffrir la levée d'une taxe & subvention non vérifiée en la Cour*, NON PLUS QUE L'E-

(1) 24 Janvier 1660. *Reg. du Parlement.*

C ij

RECTION D'UNE CHAMBRE SOUVE-
RAINE, EN VERTU D'UNE COMMIS-
SION VERIFIÉE PAR LES MESMES
JUGES DONT ELLE EST COMPOSÉE :
& fi le Parlement n'eût fait publier ,
afficher & porter dans tous les Baillages & Sénéchauffées du Reffort ,
des défenfes précifes de *contraindre les*
peuples pour raifon de ces taxes, & de faire
des pourfuites ailleurs qu'en la Cour, à peine
de 4000 liv. d'amende.

C'eft prefque encore dans le même
tems, SIRE, qu'on a vû le Grand Confeil prendre, à titre d'attribution , la connoiffance de toutes les affaires d'un Parlement entier , & fe croire à l'inftant le
véritable Supérieur de tous les Tribunaux reffortiffans à ce Parlement.

Au milieu de fonctions fi irrégulieres,
fi confufes , fi incertaines, quel veftige
pourrions-nous appercevoir de cet ordre
majeftueux , autentique & invariable ,
par lequel fubfiftent tous les Tribunaux
ordinaires ? Quel paradoxe plus étrange,
que de placer dans le Siége même de
l'inftabilité , le centre de ces Reffors qui
doivent communiquer à toutes les parties
de l'Etat des mouvemens fi harmonieux
& fi foutenus ! L'idée même d'un Tribunal
qui change à chaque inftant , par état ,
& d'affiette & d'objet , exclut évidem-

ment toute apparence de Jurifdiction fur
les perfonnes, de territoire & de Reffort
fur les Siéges inférieurs : & ces droits ne
peuvent appartenir qu'aux Tribunaux ordinaires, qui ont un caractere déterminé,
un rang fixé par ce caractere même, un
objet qui eft le principe & de ce caractere, & de ce rang; qui entrent en un
mot, par leur propre nature, dans le plan
& dans l'œconomie du Gouvernement
politique.

Mais le vice effentiel de la Conftitution du Grand-Confeil ne lui a pas même permis de reconnoître la contradiction de fon objet & de fes fonctions avec
les Maximes fondamentales de l'Etat. Par
une gradation très-prompte, l'habitude
de connoître de certaines affaires par attribution lui a paru un droit réel d'attirer
à lui toutes fortes d'affaires : & ce droit
ne lui a pas paru différent d'un caractere
intrinféque d'autorité, & d'un véritable
Reffort.

C'eft néanmoins, SIRE, plutôt l'efprit général & le but fecret, que le principe diftinct & développé de la conduite
qu'ont tenue jufqu'à préfent les Gens du
Grand-Confeil. C'eft aujourd'hui pour
la premiere fois qu'ils préfentent diftinc-
tement à l'Etat étonné le fyftême déci-

dé d'un Reſſort univerſel : ſyſtême qu'au bout de 250 années, ils découvrent enfin dans l'Edit de 1498 : ſyſtême qui leur inſpire déja une ſorte de mépris pour cette *prétention renouvellée* par le Parlement, *qu'ils n'ont aucune Juriſdiction ni droit de Reſſort ſur les Officiers des Baillages & Sénéchauſſées qui ſont dans le Reſſort du Parlement.*

Des actes iſolés, hazardés ſans liaiſon apparente, & confondus dans cette foule d'opérations arbitraires, dont le cours s'étendoit ou ſe reſſerroit au gré des circonſtances, annoncerent que les Gens du Grand-Conſeil pourroient un jour aſpirer à ſe former un Reſſort. Etoit-il plus irrégulier de la part du Grand-Conſeil d'adreſſer des reglemens aux Juges inférieurs, que de diſtraire de la Juriſdiction de ces Juges & de s'attribuer indiſtinctement la connoiſſance de tous Procès évoqués de leurs Tribunaux ſans regle & ſans ſolemnité ?

Mais les entrepriſes qui ne frappoient que ſur la Juriſdiction contentieuſe, ne compromettoient, d'une maniere directe, que le droit des Particuliers ; celles qui tendoient à impoſer des loix aux Juges inférieurs, compromettoient l'enchaînement même de l'ordre politique.

Auffi le Grand-Confeil éprouva-t'il des obftacles qu'il lui eût été facile de prévoir. Les Juges inférieurs ne purent reconnoître fon autorité ; *les injonctions, défenfes & réglemens* faits par les Gens du Grand-Confeil furent regardés comme *faits fans pouvoir* ; ils furent caffés & révoqués par Arrêts de votre Parlement, *comme attentats* (1), *& comme donnés par Juges incompétens.*

Dans d'autres occafions, ce fut, SIRE, fur la Police même que les Gens d◆ Grand-Confeil hazarderent des tentatives. Le Parlement ne fouffrit pas que les Particuliers, qui étoient l'objet direct des Arrêts du Grand-Confeil, compromiffent eux-mêmes la Police publique, en procédant au Grand-Confeil fur de femblables affaires ; il leur défendit *d'y comparoir* (2) *ni répondre, & de reconnoître, pour le fait de la Police, autres que les Juges des lieux en premiere inftance, & par appel en la Cour, à peine de nullité, caffation de procédures, amende, dépens, dommages & intérêts.*

Il n'eft point d'acte, SIRE, dans toute l'œconomie de la Juftice qui ait un trait plus immédiat avec le droit de Reffort,

(1) 13 Mai 1666. *Reg. du Parlement.*
(2) 21 Juillet 1663. *Reg. du Parlement.*

C iv

que l'usage de recevoir & de juger les
appels des Tribunaux inférieurs. Les
Gens du Grand-Conseil ne se sont point
arrêtés. Le cours irrégulier de leurs démarches incertaines les a portés jusqu'à
entreprendre sur ce droit territorial, qui
ne peut appartenir qu'à votre Parlement;
mais les Juges inférieurs ont les premiers
réclamé la protection du Parlement, auquel seul ils ont protesté de se reconnoître *comptables de leurs Jugemens* (1),
*& duquel ils ont imploré l'autorité, contre
les violences que l'on exerçoit contre leurs
Greffiers, en vertu des Arrêts du Grand-
Conseil :* & le Parlement s'est vû dans la
nécessité *de défendre à toutes personnes de
relever les appellations interjettées des Sentences & decrets des Juges ordinaires du
Ressort, ailleurs qu'en la Cour, & de faire
poursuites ailleurs, à peine d'amende; & à
tous Huissiers & Sergens de donner aucunes
assignations sur lesdites appellations ailleurs, & de faire aucuns commandemens,
& exercer aucunes contraintes contre les Greffiers des Jurisdictions ordinaires, qu'il a dé-
chargés des assignations à eux données, &
des condamnations intervenues audit Grand-
Conseil, sur les mêmes peines, permettant*

(1) 6 Juin 1665. *Reg. du Parlement.*

même , en cas de contravention , d'emprifon-
ner les contrevenans. Cet Arrêt fut publié & affiché , pour rétablir dans tout
le Reffort du Parlement l'ordre légitime
de fubordination formé par les Loix de
l'Etat.

Enfin , S I R E , les contraintes rigoureufes , foit contre les Greffiers des Jurifdictions inférieures , foit contre ceux du
Parlement , foit même contre les Juges
fubalternes ; les decrets , les emprifon-
nemens furent fouvent comme aujour-
d'hui les reffources des Gens du Grand-
Confeil, ou plûtôt des occafions & des
monumens , de réclamation , contre le
droit de Reffort auquel ils prétendoient :
efforts prefque toujours infructueux aux
Gens du Grand-Confeil, peut-être fans
exemple de la part des fupérieurs légitimes que les Juges inférieurs connoiffent
& refpectent. Les Tribunaux inférieurs
fçurent eux-mêmes maintenir les droits
de l'ordre public & foutenir leur caractere , tantôt en déclarant d'une maniere
précife , qu'*ils n'étoient* (1) *jufticiables*
du Grand-Confeil , ni en qualité d'Officiers
des Baillages inférieurs , ni en qualité de

_____

(1) Requête du Lieutenant Particulier de
Châlons , décreté d'ajournement perfonnel par
Arrêt du Grand-Confeil du 17 Mars 1725.

Commiffaires délégués du Parlement ; tantôt en réclamant contre *le defordre & la
confufion mife.* (1) par les entreprifes des
Gens du Grand-Confeil, dans *les Compagnies reglées, & caffant & annullant ces pré-
tendus Arrêts comme donnés par Juges incompétens ;* tantôt enfin en puniffant (2)
par des peines afflictives & infamantes
les exécuteurs de ces procédures irrégulieres. Votre Parlement, SIRE, fe-
courut auffi ceux qui fous fes yeux dé-
fendoient la Police générale du Royaume ; il garantit par des défenfes formelles, ou déchargea de ces contraintes, les
Officiers inférieurs ; il les prit fous fa
fauve-garde fpéciale ; il publia (3) *des
défenfes expreffes & particulieres aux Pre-
vôts des Maréchaux tant du Reffort, que
des autres Provinces du Royaume, leurs
Lieutenans, Capitaines, Exempts, & Ar-
chers, & à tous Huiffiers & autres perfonnes, de quelque qualité & condition qu'elles*

(1) Sentence du Châtelet du 10 Novembre
1626.
(2) Sentence du Châtelet du 10 Novembre
1626, qui condamne contradictoirement quatre
Huiffiers du Grand-Confeil, fçavoir l'un à l'a-
mende honorable & au banniffement, & les autres à affifter à l'amende honorable, avec amende & défenfes de récidiver.
(3) 6 Mai 1626. *Reg. du Parlement.*

fuſſent, d'attenter aux perſonnes de ces Officiers, & à tous Geolliers des Priſons de les recevoir, à peine de la vie contre chacun des contrevenans ; permit à ces Officiers pourſuivis par les Gens du Grand-Conſeil de faire empriſonner ceux qui voudroient attenter à leurs perſonnes ; chargea les Prevôt des Marchands & Echevins de Paris de faire, en cas d'attentat, tenir main-forte à l'exécution des Arrêts de la Cour ; fit élargir des Priſons (1) ceux qui avoient été arrêtés par les ordres du Grand-Conſeil, & conſtituer priſonniers les Huiſſiers qui avoient attenté à leur liberté.

Nous parcourons rapidement, SIRE, des traits dont nos regiſtres contiennent des exemples multipliés : nous n'en ajouterons qu'un dernier, qui vous fera voir que les Gens du Grand-Conſeil, au milieu même des efforts qu'ils faiſoient pour partager avec le Parlement le droit de Reſſort, ne ſe portoient pas néanmoins encore juſqu'à décliner la Juriſdiction, ou méconnoître la ſupériorité du Parlement. Un Préſident du Grand Conſeil, mandé (2) au Parlement à l'occaſion de ſemblables entrepriſes, y comparut, & fut chargé d'avertir ſa Compagnie que ces pourſuites

(1) 5 Mai 1626. Reg. du Parlement.
(2) 15 & 16 Novembre 1558.

cessassent ; ce qu'il promit d'exécuter.

De si longues & si inutiles tentatives de la part des Gens du Grand-Conseil peuvent, SIRE, vous causer une juste surprise. Mais quelle sera l'impression que fera sur l'esprit de VOTRE MAJESTE' le contraste étonnant de ces Actes multipliés, avec la volonté précise du Souverain. Oui, SIRE, de tout tems nos Rois ont improuvé & ces prétentions, & surtout ces voies de rigueur & de contrainte pratiquées par les Gens du Grand-Conseil ; & lorsqu'en 1558, 1584, 1594, 1604, 1605, 1606, 1626, 1657, 1659 & dans beaucoup d'autres époques, le Grand Conseil multiplioit contre les Greffiers & les Juges inférieurs ces coups irréguliers, depuis long-tems le Souverain les avoit proscrits, & avoit déclaré à son Parlement qu'*il ne* (1) *permettoit pas que ledit Grand Conseil pût user de contraintes sur la Cour ne les Particuliers d'icelle, les Greffiers, leurs Clers ou Commis, NE AUTRES, pour le recouvrement des Sacs & Procès ; mais qu'on y procéderoit par l'autorité du Roi seulement, qui enverroit Lettres Patentes ou missives à la Cour, pour le recouvrement desdits Sacs & Procès.*

(1) 5 & 26 Mars 1529.

Ce n'eft qu'un exemple, SIRE, des différentes occafions dans lefquelles vos Prédéceffeurs ont jugé ne pouvoir approuver les entreprifes de Jurifdiction faites par les Gens du Grand-Confeil. Eux-mêmes l'ont quelquefois appris de la bouche du Souverain: & ce fut en ufant de ces mêmes voies rigoureufes, dont nous venons d'avoir l'honneur de parler à VOTRE MAJESTE'; en troublant par des entreprifes de Jurifdiction les fonctions régulieres des Juges ordinaires; en procédant fans droit *par des peines & des condamnations par corps contre les Greffiers, pour les obliger d'apporter les Procès au Greffe du Grand-Confeil*, qu'ils obligerent Louis XIII. de leur faire des reproches, par une Déclaration qu'il leur adreffa le 20 Août 1634, de ce que leur conduite *caufoit un très grand défordre, confufion & vexation aux Parties* & aux Officiers de la Juftice, & portoit le caractere d'irrégularité, jufqu'à bleffer directement les Déclarations mêmes du Roi, *encore qu'elles euffent été vérifiées par eux.*

Jufqu'à préfent; SIRE, nous nous fommes propofé de vous faire connoître avec exactitude, d'une part, le véritable caractere, les prérogatives & les fonctions effentielles de votre Parlement;

d'une autre part, la nature, les progrès & le fyftême fuivi des entreprifes du Grand - Confeil. Quelques réflexions frappantes fuffiront maintenant pour juftifier combien l'ordre public reçoit aujourd'hui d'atteintes, par la conduite qu'ont tenue les Gens du Grand-Confeil dans l'affaire du fieur Billard de Vaux, par la forme de la Déclaration du 10 Octobre dernier, par les difpofitions qu'elle contient, & par l'exécution que les Gens du Grand - Confeil s'efforcent de lui donner.

Les objets, dont le détail va commencer à nous occuper, fe rapportent naturellement, & dans l'ordre même des circonftances fucceffives, à deux claffes & à deux époques. Prétentions & entreprifes formées par les Gens du Grand-Confeil, réfultantes des actes émanés d'eux, avant la date du 10 Octobre dernier ; fyftême & tentatives hazardées depuis cette même date.

Les faits qui appartiennent à ces deux époques ont une connexité intime ; plus fourdement, ou plus à découvert, ils tendent tous à conduire le Grand-Confeil jufqu'à ce droit de Reffort univerfel qui changeroit bientôt la face de l'Etat. Mais quoique liés, quant au fyftême fe-

cret , ces faits particuliers ont entre eux
des caracteres & des objets diftincts ; &
de leur enchaînement naît une compli-
cation d'entreprifes , dont il eft maintenant très-facile d'appercevoir le plan ,
de difcerner les branches particulieres ,
& de reconnoître l'irrégularité.

Dans les actes émanés du Grand-Confeil avant la date du 10 Octobre dernier ,
votre Parlement , SIRE , forcé d'en
prendre connoiffance , par l'éclat & la
rigueur des pourfuites des Gens du
Grand-Confeil , a reconnu le projet étonnant d'enter deux vaftes prétentions fur
l'affaire la moins digne de devenir un
fpectacle intéreffant pour toute la France.

Sans autre titre que le projet de mar-
cher de pair avec vôtre Parlement , le
Grand - Confeil annonce publiquement
par ces actes , qu'à l'avenir fes Membres
accufés de troubler par des délits la Police publique n'auront plus à reconnoître l'autorité des Miniftres ordinaires
de cette même police ; ce fera déformais
une claffe de Citoyens , qui , formée dans
l'Etat , n'entrera plus dans l'ordre général ; indépendans , fans principe conftitutif d'un droit fi extraordinaire ; affran-
chis , fans titre de privilége.

A quelle condefcendance , SIRE ,

64

votre Parlement n'eût-il pas défiré de fe
porter , par amour de la paix , par l'impreffion même d'une jufte confidération,
pour les vertus qu'il connoit dans les
Membres du Grand-Confeil ! Peut-être
eût-il évité de fçavoir dans ce moment,
qu'un Officier du Grand-Confeil pouvoit
s'être expofé à la vindicte publique.

Mais , S I R E , une entreprife d'un
genre tout nouveau , dont le projet tient
de l'illufion , dont l'exécution ne procure-
roit pas même le moindre avantage aux
Gens du Grand-Confeil, fi ce n'eft peut-
être la feule fatisfaction d'exercer fur un
Tribunal inférieur un acte de Reffort,
inutile en lui-même ; dont les fuites enfin
porteroient coup aux Loix les plus ref-
pectables , aux intérêts les plus facrés ;
cette feconde entreprife a mis le comble,
a jetté le défordre dans le premier des
Tribunaux inférieurs de votre Royaume,
a fait éclater la réclamation , a forcé
votre Parlement de s'occuper du reméde
que le trouble public rendoit indifpen-
fable. Le Grand-Confeil s'eft perfuadé
que les Greffes des Tribunaux inférieurs
étoient en fa difpofition ; qu'il en pouvoit à fon gré déplacer , enlever , fouftraire les minutes ; que des Greffiers ,
fimples dépofitaires, pouvoient fans l'a-

veu du Tribunal auquel ils font attachés ,
au préjudice des droits de ce même Tribunal , & de la fubordination qu'ils doivent au Parlement feul , fe prêter à la
fuppreffion de titres qui leur font confiés
fous la religion du ferment.

L'enchaînement, SIRE , de ces deux entreprifes ne tend qu'à élever le Grand-
Confeil, comme par deux dégrés différens,
d'abord fur la même ligne que la Cour des
Pairs , enfuite abfolument au-deffus & de
votre Parlement & des Loix , & de tout
l'ordre politique.

Les Gens du Grand-Confeil entrepren-
nent d'ufurper les droits éminens & incommunicables de la Cour des Pairs , en
s'arrogeant un prétendu privilége d'inftruire & de juger les Procès Criminels de
leurs Membres , exclufivement à tout autre Tribunal.

La bafe d'une prétention fi importante
& fi contraire à l'ordre commun ne peut
être, SIRE , qu'un droit intrinfeque, ou
un privilége légitimement autorifé.

C'eft à titre de droit , que jouït de cette
éminente prérogative la Cour du Roi &
des Pairs , dont *aucun Membre ne peut être*
diftrait pour être jugé & convenu ailleurs ,
ne pardevant autres Juges & Commiffaires
au cas qu'il s'agit de fon honneur , de fa

perſonne & de ſon état (1). LeParlement eſt
le vrai Juge des Pairs (2) , & de tous ceux
qui participent à la dignité qui réſide dans
cet auguſte Tribunal ; & c'eſt de *leur nature & droit* (3) que les cauſes dans leſquelles leur état eſt intéreſſé , *doivent y
être introduites & traitées.*

C'eſt à titre de privilége , que quelques
Tribunaux ont reçu la faculté de retirer
leursMembres accuſés de toutes les autres
Juriſdictions. Ces priviléges particuliers
ont leurs dates , ils ont leurs titres d'établiſſement, & ils ne ſont compatibles avec
l'ordre public , ils n'ont une exiſtence réelle , qu'autant que ces titres ſont
réguliers & authentiques , c'eſt-à-dire enregiſtrés en votre Parlement, inſcrits dans
les Regiſtres des Ordonnances Royaux.
Point de titre , ſans doute , qui doive plus
eſſentiellement porter le caractere d'Ordonnance Royale , que celui qui tend à
donner un nouvel ordre à quelque partie
de l'adminiſtration de la Juſtice.

Le Grand-Conſeil réclame , S I R E ,
une ſemblable prérogative , ſans avoir

(1) Lettres Pat. du 10. Juin 1556. *Reg, du
Parlement.*
(2) Edit de Septembre 1610. art. 7.
(3) Ordonnances de Décembre 1365. 1366.
Avril 1453. art. 6.

ni droit intrinſeque , ni privilége.

Les Gens du Grand-Conſeil ne ſont-ils donc pas Membres de la Société générale , & le plan de cette Société ne ſoumet-il plus tous les Citoyens indiſtinctement au pouvoir des Tribunaux ordinaires ?

Nous aurions peine à concevoir ſur quel principe le Grand-Conſeil pourroit fonder un droit intrinſéque qui pût autoriſer ſes Membres à méconnoître la Juriſdiction des Tribunaux ordinaires en matiere criminelle.

Ce droit au contraire implique une contradiction manifeſte avec la nature même du Grand-Conſeil , avec le plan de ſon inſtitution , avec l'objet de ſes fonctions , avec le caractere d'autorité qui peut lui appartenir , avec l'ancienne tradition de notre Gouvernement.

Tel eſt, S I R E , l'ordre primitif de la Monarchie dont vous reconnoiſſez aiſément la liaiſon avec le plan général que nous avons eu l'honneur de vous expoſer, que *toutes gens* ſans diſtinction *étoient* (1) anciennement ſujets *à la Cour Souveraine & Capitale du Parlement , en tous cas civils & criminels; que le Parlement avoit*

(1) 13 Mars 1457. Diſcours des Gens du Roi au Parlement. *Reg. du Parl.*

la connoiſſance de toutes perſonnes en tous cas;
(1) qu'il n'y avoit aucuns Juges pour juger en
Souveraineté la vie des hommes, que le Parle-
ment ; que la Perſonne ſeule du Roi (2) étoit
exempte de la Juriſdiction du Parlement.

Ces régles générales & ſans exception
remontent, SIRE, avant l'établiſſement
du Grand-Conſeil ; elles ſubſiſtent depuis
que ce Corps a pris naiſſance dans l'Etat ;
elles dérivent de cet ordre fondamental
qui unit, *ſans moyen*, le Parlement à la
perſonne du Prince, & qui place eſſentiellement le Roi & ſa Cour au centre
de l'Etat.

Le Grand-Conſeil au contraire, par ſon
inſtitution même, n'eſt ſuſceptible d'aucun droit intrinſéque. Tribunal verſa-
tile, il n'a que des fonctions, pour ainſi
dire, précaires & momentanées.

La fin de chaque affaire particuliere
feroit le terme de ſon exiſtence même,
ſi quelque nouvelle Evocation, ou quelque nouvelle branche d'anciennes attributions, ne renouvelloient en quelque
ſorte ſon être. Quelles racines pourroient
jetter dans un terrain ſi peu ferme des
droits auſſi ſolemnels & auſſi élevés que

(1) 27 Octobre 1570. *Reg. du Parlement.*
(2) 1615. Diſcours du Prince de Condé au
Conſeil du Roi.

celui que le Grand-Conseil entreprend de s'attribuer.

Nous ne négligerons point, SIRE, de dissiper un nuage que les Gens du Grand-Conseil essayeroient peut-être d'élever. Le plan de notre ancien Gouvernement ne en soumettoit chaque Franc qu'au Jugement de ses Pairs. Un Membre du Grand-Conseil croit réclamer cette ancienne maxime, lorsqu'il décline la jurisdiction de tout autre Tribunal que le Grand-Conseil même. Il ne découvre pas d'autre principe qui puisse autoriser la possession constante dans laquelle est votre Parlement d'une semblable prérogative. Système peu réfléchi, qui n'annonce que des idées au moins superficielles sur l'origine & sur les progrès successifs de la forme de notre Gouvernement.

Il est, SIRE, dans le plan des Empires des principes fondamentaux & immuables. Il est aussi quelques regles sujettes à la vicissitude des circonstances & des mœurs de la Nation.

Une maxime primitive & qui subsiste encore dans notre Gouvernement, fonda dans les premiers âges de la Monarchie le droit de Pairie en faveur de tous les Citoyens : & par le changement de nos mœurs, l'application de cette même maxime a pris dans les siécles suivans une forme différente.

Le supérieur ne peut être jugé par son inférieur. C'est le principe annoncé dans les Capitulaires de nos Rois, puisé dans la nature même, & dont l'autorité subsistera toujours.

Mais quel sera le point fixe, & pour ainsi dire, le plan de distribution des différentes classes des Citoyens ? Dans quel ordre sera prise cette proportion respective de supériorité ou d'inferiorité ?

Les distinctions personnelles étoient, SIRE, les seules que pussent connoître des conquérans, qu'aucun établissement fixe ne réunissoit par les liens d'une société policée ; les Tribunaux n'étoient pas établis ; l'administration de la Justice ne formoit point encore un système suivi sur lequel fût distribué l'ordre du Gouvernement ; le service militaire étoit l'unique profession ; les dignités, les titres acquis par les armes étoient les seules distinctions qui pussent déterminer entre les Francs ou l'égalité ou la supériorité : de-là le premier âge du droit de Pairie. Le choix des Juges, égaux en dignité à celui qui devoit être jugé, ne pouvoit être pris que sur le titre personnel, sur le grade dont étoit revêtu l'accusé.

L'établissement des Fiefs ne fit qu'introduire une nouvelle forme dans un Gouvernement dont l'esprit général demeura toujours le même ; toujours la valeur militaire fut la clef du système politique ; l'esprit belliqueux de la nation se peignit jusques dans l'œconomie intérieure de la société civile, qui commençoit à prendre une forme & une consistence. La distribution des terres & des possessions, l'ordre de la transmission des biens, tout fut réglé sur le plan d'un système de guerriers ; les titres de distinctions militaires, furent attachés aux terres mêmes, & devinrent avec ces terres la récompense des exploits. Ces sortes de distinctions mixtes, tout à la fois personnelles & réelles, réglerent dès-lors les rangs entre les Membres de l'Etat. Un citoyen placé dans l'Etat sur une ligne plus ou moins élevée, suivant le titre de la terre qui lui avoit été concédée, ne pouvoit être jugé que par ceux que des Fiefs du même dégré, & subordonnés au même suzerain, rendoient égaux à lui : de-là le second âge du droit de Pairie parmi nous.

Enfin, SIRE, une politique plus mûre & plus élevée a fait concevoir à nos ancêtres des idées plus étendues sur la véritable constitution d'un Etat. Toujours la paſſion de la gloire fut l'ame des François: mais la juſtice & la valeur, également dignes de l'homme, également utiles à l'Etat, conduiſent également à une gloire ſolide. Nos Souverains ſeuls ont continué d'embraſſer également ce double héroïſme, & dans l'ordre de la Juſtice, & dans celui de la valeur, placés comme au centre où ſe réuniſſent ces deux routes éclatantes. Il étoit digne, SIRE, de vos auguſtes prédéceſſeurs, il étoit digne du ſang qui devoit vous être tranſmis avec la Couronne, de réunir & de concentrer dans le Trône tout ce qui caractériſe la véritable grandeur.

Il vous étoit réſervé, SIRE, de cimenter par une nouvelle union le concert admirable des vertus militaires & de celles du Légiſlateur, en faiſant concourir les unes & les autres avec autant de gloire & de ſuccès, au bonheur & à la paix de vos Etats.

Au moment où l'expérience des ſiécles paſſés & des réflexions plus étendues découvrirent à nos ancêtres le nouveau plan de police qui ſubſiſte encore aujourd'hui dans le Royaume, ſe développerent & commencerent à ſe diſtinguer, ſous la loi d'une alliance éternelle, trois Ordres différens de dignité entre les citoyens,

toyens , trois branches capitales de ce germe fécond qui depuis long tems préparoit dans l'Etat sa gloire & sa prospérité future. Le culte de la Religion , le service des armes , & l'administration de la Justice , formerent trois classes paralleles ; & l'œconomie générale de l'Etat ne fut plus que le concert & l'haimonie de ces trois classes réunies. Les distinctions personnelles ne cesserent point : la Noblesse se distribua dans les trois classes , suivant les inclinations particulieres de chaque Citoyen : mais dès-lors toutes les distinctions personnelles se rapporterent au plan de ces trois classes. Chacune , dans les objets relatifs à son caractere , devint le centre de toute prééminence , même à l'égard des citoyens compris dans les deux autres. Dès-lors dans l'administration de la Justice , relativement au jugement , soit des causes , soit des personnes , tout Officier Royal légitimement placé dans cette chaîne devint non - seulement l'égal , mais le Supérieur , & conséquemment le Juge de tous les Sujets du Roi : dès-lors le Citoyen distingué par sa Noblesse ou par ses services , ne descendit point de son rang , en subissant la Jurisdiction de l'Autorité Royale elle-même , par le ministere du moindre de ses

D

Officiers ordinaires : la maxime que le Supérieur ne peut être jugé par l'inférieur, se confondit, & se retrouva dans le plan même de la nouvelle proportion mise entre les trois ordres de Dignité qu'on commençoit à distinguer dans l'Etat.

Ce ne fut plus, SIRE, que dans l'œconomie intérieure de chacune de ces trois classes que cette même maxime conserva une application plus distincte & plus développée : Dans celle de la Justice, une progression continue de Ressorts subordonnés fait le lien & le rang des Tribunaux entr'eux : les Membres du Tribunal supérieur ne pourroient être jugés par le Tribunal inférieur qui ressortit à eux : *Major à minore non potest judicari.* De-là cette éminente prérogative de la Cour des Pairs, *souveraine & capitale de la Justice de tout le Royaume* : prérogative qui appartient plus encore au Tribunal entier qu'aux membres particuliers; parce qu'elle ne dérive plus des distinctions personnelles, mais de l'ordre public & de la constitution même des Tribunaux : prérogative qui, par cette raison même, ne peut être négligée ou abandonnée par les Membres de la Cour des Pairs.

Nous vous supplions, SIRE, de faire

une attention particuliere à ces notions fondamentales : il n'eſt point entre les Tribunaux d'autre enchaînement , ni conſéquemment d'autre rang , que celui que met entr'eux la relation du Reſſort. Les Juges ordinaires , liés les uns aux autres par cet ordre reſpectif , forment ſeuls toute la chaîne de l'adminiſtration réguliere de la Juſtice : conſéquemment ce n'eſt qu'entre ces Tribunaux réciproquement & graduellement ſubordonnés , que peut être appliquée la maxime que le ſupérieur ne doit pas être jugé par l'inférieur. Un Juge de ſimple attribution , quelque réguliere qu'on pût la ſuppoſer , exclus par ſon être même de l'ordre œconomique de la Juſtice , n'a dans cet ordre ni rang , ni inférieur ; & conſéquemment ne peut décliner aucun Tribunal ordinaire ſur le fondement de cette ancienne maxime. Un Membre d'une Commiſſion particuliere établie avec toutes les ſolemnités requiſes , n'oſeroit pas même élever le chimérique ſyſtême de n'être juſticiable en matiere criminelle , que des autres Officiers de la même Commiſſion.

Daignez , SIRE , rapprocher de ces principes inconteſtables la prétention élevée par les Gens du Grand-Conſeil. Nés dans l'Etat long tems après l'époque du

D ij

dernier plan de Gouvernement, ils ont trouvé tout le fyftême œconomique de la Juftice fixé & diftribué dans cette jufte proportion des différens degrés de Jurifd ctions : ils ont trouvé cet ordre complet en lui-même , en poffeffion de juger indiftinctement les caufes & les perfonnes de tous les Citoyens. Eux-mêmes , SIRE , n'ont jamais occupé aucun rang dans cette chaîne facrée qui lie intimement tous les Officiers ordinaires de votre Juftice Souveraine : Plutôt Juges par commiffion , que par conftitution intrinfeque , ils fubfiftent pour certaines affaires ; mais ils ne font point Corps avec cet ordre refpectable , dont l'autorité embraffe & foumet tous les Citoyens. Quelle feroit donc l'illufion de leur fyftême , s'ils réclamoient cette ancienne maxime , *major à minore non poteft judicari* , principe unique de l'ancien droit de Pairie , pour décliner la Jurif-diction & des Tribunaux ordinaires qui ne font point leurs inférieurs , & de la Cour même du Roi, *où réfide habituellement le Souverain* , où s'exerce en fon nom la plénitude de fon autorité.

Nous fçavons , SIRE , qu'il peut être des exceptions aux regles générales ; que des prérogatives qui ne pourroient être fondées fur des droits intrinfeques , peuvent l'être fur des priviléges émanés de votre autorité , & fcellés du caractere que doit effentiellement porter tout établiffement qui tient à l'ordre public.

Mais il n'eft , SIRE , au nombre des *Ordonnances Royaux* (1) dont le *Livre* eft dépofé dans les Archives de votre Parlement , aucun titre qui ait accordé aux Gens du Grand-Confeil le privilége qu'ils s'attribuent. Des actes qui feroient inconnus aux dépofitaires effentiels des Loix , des actes qui n'auroient point reçû l'empreinte de l'autorité du Légiflateur par la délibération folemnelle du Roi & de fa Cour , ne pourroient être des titres légitimes pour intervertir l'ordre général de l'adminiftration de votre Juftice fouveraine.

L'hiftoire des entreprifes des Gens du Grand Confeil nous apprend feule & l'origine récente & les progrès vacillans de la prétention qu'ils effayent aujourd'hui d'affermir. Il s'en faut plus d'un fiécle que cette prétention remonte à l'établiffement du *Corps & Collége* du Grand-Confeil. Le Titre de 1498 n'indiqueroit pas même que les Gens du Grand-Confeil penfaffent

(1) Ordonnance du 10 Juillet 1336. Ordonnances du Louvre.

D iij

alors à préparer de si hautes prétentions.
Les Officiers institués au nombre de 20,
sont associés à des Maîtres des Requêtes,
dont l'état constitutif *& le plus grand hon-*
neur qu'ils ayent (1) *est d'être du Corps du*
Parlement, & dont les affaires criminelles
ne pourroient être portées qu'au Parlement. Ce même Titre & celui de 1497
ne promettent aux Gens du Grand-Conseil qu'une autorité vague, ou tout au plus
les honneurs, droits & prérogatives qu'ont
accoutumé d'avoir les Conseillers des Cours
souveraines. Seroit-ce dans un énoncé si
peu distinct qu'on trouveroit une conces-
sion suffisante d'un privilège aussi exorbi-
tant, ou plutôt une pleine communication
d'un droit réservé par la constitution de la
Monarchie à la seule Cour des Pairs ; d'un
droit dont les membres du Parlement ne
jouissent pas à titre de *Conseillers de Cour*
souveraine, mais en vertu du plan même
de l'ordre universel de la Justice ; d'une
prérogative enfin dont les Conseillers des
Cours souveraines établies dans le Ressort

(1) Expressions de Me. *Adam Fumée, Maître*
des Requêtes demandant au Parlement au nom
de ses Compagnons les autres *Maîtres des Requêtes,*
que ce fût le bon plaisir de la Cour que quatre d'en-
tr'eux allassent en robbes d'écarlatte & chaperons
fourés avec elle à l'entrée de la Reine. Reg. du Parlement. 7 Fev. 1530.

du Parlement ne jouiffoient point encore
en 1498.

Mais non, les Gens du Grand-Confeil n'ont en aucun tems imaginé de faire
remonter l'origine de leur prétention à
l'époque de 1498. Plufieurs fois ce Tribunal confacré par état aux attributions,
a obtenu du Prince des attributions fpécia-
les de quelques procès particuliers intentés
à fes Membres. Le premier pas l'a porté
prefqu'au hazard fur une ligne que peut-
être il n'efpéroit pas même de fuivre. Le
Grand-Confeil en 1611 réuffit à fe procurer la faculté de juger un de fes Membres accufé : Il la demanda de nouveau
dans d'autres occafions poftérieures.
Chaque nouvelle attribution fpéciale
devint un nouveau titre ; & bien-tôt
un petit nombre d'actes ifolés, fans carac
ctere, fans forme, fans liaifon entr'eux,
fans uniformité même, accoutumerent
les Gens du Grand - Confeil à fe croire
en poffeffion ; & de cette prétendue poffeffion qui n'eut jamais lieu fans contradiction, naquit enfin le fyftême décidé,
non - feulement que les Membres du
Grand - Confeil font fupérieurs à l'autorité de toute Jurifdiction ordinaire, mais
que le Parlement même n'a pas le droit
de faire le procès à quelque Membre du

D iv

Grand - Confeil , comme il le pourroit
faire à un Pair de France , ou à un Prince
du Sang Royal.

A des traits épars d'entreprifes fi defti-
tuées de fondement , à quelques actes irréguliers , qui ne peuvent être des titres
aux yeux de Magiftrats , faudroit-il ,
SIRE , oppofer d'autres preuves que l'ordre public , que les principes même de
l'œconomie générale de l'Etat ? Que les
Gens du Grand - Confeil fe rappellent
néanmoins encore , qu'ils ont vû fans
réclamation plufieurs de leurs membres
pourfuivis au Parlement : que lorfqu'en
1498 (1) le Parlement prêt à févir *contre
Macé Touftain, foit difant être Procureur du
Roi au Grand Confeil,* annonça qu'il vouloit
bien *furfeoir la provifion tant de prife de corps,
ajournement perfonnel ou autre que ladite
Cour pourroit décerner contre ledit Touftain,*
& que le Parlement eût en effet décerné
s'il n'eût eu de la part du Chancelier lui-
même la plus prompte fatisfaction ; ou lorfqu'en 1563 (2) , un Confeiller au Grand-
Confeil fut décrété de prife de corps au
Parlement ; ils n'avoient pas encore conçu
le fingulier fyftême de réclamer , contre
l'autorité de la Cour des Pairs , une
exemption fans exemple : que quand le

(1) 18 Mai 1498. *Reg. du Parlement.*
(2) 14 Août 1563. *ibid.*

Chancelier de France, le Chef immédiat
que leur donne leur inſtitution, le Chef
unique qu'ils ont eu pendant long-tems,
le ſeul qu'ils euſſent en 1545, fut pour-
ſuivi criminellement & jugé dans cette
même année, ce fut au Parlement. Qu'ils
ſçachent enfin qu'une loi ſolemnelle revê-
tue de toutes les formes autentiques &
conſignée dans le dépôt des Ordonnances,
renverſe toute leur prétention : Qu'en
1568, le Roi voulant que la deſtitution
de tous les Officiers de ſon Royaume
attachés a la nouvelle ſecte ſe fît *en toute*
ſincérité, ſans aucune paſſion, déclara que
la *connoiſſance* de ces Procès *appartenoit*
naturellement aux Cours de Parlement, mé-
mement pour le regard de ceux qui ſont Con-
ſeillers de Cours ſouveraines, ou ont accou-
tumé d'y prêter ſerment ; en conſéquence
chargea expreſſément le Parlement *de pro-*
céder en toute diligence à l'encontre des Offi-
ciers du Reſſort du Parlement qui ſe trouve-
roient de la nouvelle Prétendue Religion, ſoit
qu'ils ſoient, dit le Roi, *du Corps de notredite*
Cour, GRAND-CONSEIL, *de nos Comptes,*
Généraux de nos Aydes, Notaires & Secre-
taires & autres Officiers de notre Chancellerie,
Tréſoriers Généraux de France, Receveurs
Généraux & particuliers, &c. pour être les
Officiers du corps de la Cour jugés les Cham-

D v.

bres assemblées , en la maniere accoutumée ;
& quant aux autres Officiers des Cours sou-
veraines , la Grand'Chambre & Tournelle
assemblée. Quel monument de cette Jurisdiction universelle qui *APPARTIENT*
NATURELLEMENT aux Cours de Parle-
ment , mêmement pour le regard de ceux qui
ont Officiers des Cours souveraines ! Quelle
srace de la prétention du Grand-Conseil ,
torsque se publioit, lorsque s'exécutoit contre les Gens (1) du Grand-Conseil, & sans
aucune réclamation de leur part , une loi
qui les comprend dans cette Jurisdiction
universelle & *naturelle*, qui ne porte ni
réserves , ni dérogations relatives à aucun
droit ou privilége particulier, qui met enfin
les Gens du Grand-Conseil au niveau de

(1) En exécution de cette Loi , par Arrêt
du 17 Décembre 1568 il fut ordonné que les
Officiers du Grand-Conseil, ainsi que ceux des
autres Compagnies , enverroient au Greffe de la
Cour la liste de ceux de leurs Membres qui n'a-
voient pas fait leur profession de foi suivant l'E-
dit , pour être procédé contr'eux.
Ensuite par Arrêt du 9 Février 1569 , les Offices de Henri Groslet Conseiller, Jean-Baptiste
Bigot, Procureur du Roi, de Villontray, Secré-
taire, Claude Vaudroüe, Receveur, &c. & Me.
Pierre Jumel , Grand Rapporteur au Grand-Conseil , furent déclarés vacans & impétrables.
Par autre Arrêt du 18 Mai 1569 , Jean Mois-
son, Conseiller au Grand-Conseil, fut, sur sa
Requête, renvoyé pour faire sa Charge.

tous les autres Tribunaux ou Corps qui
conftamment n'avoient point dans ce
tems le privilége exclufif d'inftruire, &
de juger tout Procès criminel intenté à
leurs membres.

Nous ofons nous flater, SIRE, qu'il
ne peut vous refter aucun doute fur l'illufion du fyftême que préfentent les Gens
du Grand-Confeil. C'eft néanmoins ce
fyftême chimérique qui fait la bafe de
tous ces actes d'éclat, de ces coups d'autorité par lefquels les Gens du Grand-
Confeil ont étonné la Capitale, & mis le
trouble & le défordre au milieu d'un Tribunal attaché à l'ordre public & aux
Loix de la Monarchie par fa propre conftitution, & peut-être plus inviolablement
encore par le zéle & la fidélité à toute
épreuve des Officiers qui le compofent.

Le vingt-trois Juin 1569 fur les *informations fai-*
tes à la requête du Procureur Général, des vie,
mœurs & converfation de Me. Pierre Jumel, Con-
feiller du Roi au Grand-Confeil & Grand Rappor-
teur de France, & fur la Requête par lui préfentée
à la Cour pour le remettre en fes états & offices
déclarés vacans par l'Arrêt du 9 Février pour crime
prétendu être de la nouvelle Religion, &c. Oui le-
dit Jumel pour ce mandé, Conclufions du Procu-
reur Général du Roi, la Cour a renvoyé & ren-
voye ledit Jumel pour faire fervice au Roi & exe cer
fes états, ainfi qu'il faifoit auparavant. Reg. Cri-
minel du Parlement, coté 121.

D vj

Il a fallu néanmoins, SIRE, que cet étonnant appareil fût encore soutenu sur un second fondement. La prétention d'enlever jusqu'aux minutes, non seulement de decrets ou de jugemens qui blefferoient le prétendu privilège, mais encore de fimples informations, que, dans des circonftances pareilles, la plûpart des actes irréguliers obtenus par les Gens du Grand - Confeil, ou émanés d'eux-mêmes, ont néanmoins laiffé fubfifter, & dans leur dépôt, & même dans leur force naturelle, cette feconde prétention a fait voir qu'il n'eft plus aucune borne, que ne puiffe franchir un fyftême qui s'eft une fois élevé au-deffus des premieres regles de l'ordre public.

Ce fecond objet, SIRE, n'exige pas de nous des réfléxions nouvelles : vous connoiffez à quel point cette entreprife de fouftraire les minutes des premiers Juges eft infolite, irréguliere, dangereufe, contraire aux Ordonnances : nous nous contenterons d'obferver que les Régiftres mêmes du Grand-Confeil devoient lui faire craindre de renouveller une tentative profcrite dès le premier moment qu'elle a paru. Nous apprenons par la tradition publique qu'en 1635 les Gens du Grand-Confeil n'ont pas fait difficulté d'inscrire sur leurs Régistres un Arrêt de votre Conseil, accordé à celui qui exerçoit au milieu d'eux le Ministére public, & qui sollicitoit pour eux le droit exclusif de juger leurs Membres. Nous apprenons que les Gens du Grand-Conseil, à l'occasion d'une Sentence de mort rendue au Châtelet de Paris contre un de leurs Membres, formerent une instance réglée qu'ils porterent en votre Conseil, & demanderent par une Requête expresse, *que les minutes des procédures du Châtelet fussent tirées du Greffe Criminel du Châtelet, & supprimées.* Votre Conseil rejetta cette demande, & l'enrégistrement que le Grand-Conseil a fait de cette décision, ne lui permettroit pas aujourd'hui de tirer avantage de la forme peu réguliere d'un acte dont il s'est fait lui même une loi, & dont l'autorité réprouve clairement cette même entreprise, qu'il s'efforce de renouveller.

Mais, SIRE, ce qui acheve de mettre au jour toute l'irrégularité d'une telle conduite, c'est qu'elle suppose nécessairement que le Grand-Conseil s'est flaté que son prétendu privilége ne pourroit être balancé par aucun droit, quelques personnes qui pûssent se trouver compromises dans l'instruction de la même af-

faire : étrange fyftême, qui annonceroit
jufqu'au projet de ne pas refpecter même
les droits facrés des Membres de la Cour
des Pairs.

VOTRE Parlement, SIRE, avoit arrêté
de vous préfenter de très - humbles &
très refpectueufes Remontrances fur les
objets importans dont il vient de vous
rendre compte, lorfqu'un nouvel ordre
d'événemens s'eft ouvert.

Déja l'enlévement fait par les Gens
du Grand-Confeil des minutes du Châtelet, fans aucune utilité pour l'inftruction du procès du Sieur Billard de Vaux,
annonçoit que le Grand Confeil n'avoit
pour but direct, quoiqu'encore caché,
que de pénétrer dans l'intérieur des Tribunaux ordinaires, d'y exercer des actes
de police , de préparer l'établiffement
d'un droit complet de Reffort.

Le fyftême s'eft développé prefque
auffi-tôt : les Gens du Grand-Confeil ont
fait extraire de leurs Regiftres, & répandre dans le Public un acte, à la tête duquel votre Parlement ne peut voir qu'a-
vec douleur l'augufte nom de VOTRE
MAJESTE'. Cet Acte, dans toute fa teneur, porte les caracteres les plus multipliés de la furprife, & fon exécution
feroit l'interverfion totale des régles effentielles de l'Etat.

Le renouvellement des Edits de 1498
& de 1555 vous a été propofé, SIRE,
comme l'unique objet de la Déclaration
que l'on a furprife de votre religion.

Mais qu'il nous foit permis de le dire
à un Souverain qui n'aime que la vérité:
que d'illufions ne cachoit pas cette myf-
térieufe propofition !

Ces Actes, dont on a demandé à VOTRE
MAIESTE' le renouvellement, n'ont jamais eu force de Loi dans votre Royaume : le fyftême qu'on veut accréditer,
fous prétexte de les renouveller, eft une
prétention inouie, dont la teneur de ces
actes ne pourroit pas même être le germe : l'exécution du nouveau titre implique contradiction avec celle que les
Gens du Grand-Confeil ont eux-mêmes
regardée comme la feule que puffent avoir
ces anciens actes : & le contrafte de toutes fes difpofitions, avec toutes les Loix
de la Monarchie, acheve de caractérifer
la furprife, & de confommer l'entreprife
la plus pernicieufe.

Tous ces traits différens, SIRE, ne
vous paroîtront que la plus fidéle expref-
fion des vices multipliés que renferment
& le nouvel acte accordé aux Gens du
Grand-Confeil, & la conduite qu'ils ont
tenue depuis le 10 Octobre dernier, fi

vous daignez rapprocher ces traits de
deux principes eſſentiels dont nous oſons
eſpérer que VOTRE MAJESTE' eſt déja
convaincue.

Le premier de ces deux principes eſt
l'indiſpenſable néceſſité de l'enregiſtrement au Parlement, pour que quelque
acte que ce puiſſe être, acquierre le caractere légiſlatif. Nous n'avons plus à
craindre, SIRE, qu'on réuſſiſſe à vous
inſpirer des impreſſions défavorables ſur
la nature, l'uſage, & les conſéquences
de ce droit invariable de votre Cour.
Vous avez vû cette ancienne forme conſ-
titutive de votre Monarchie, intimement
liée avec la gloire même & les intérêts de
VOTRE MAJESTE', avec la ſtabilité de
votre Trône, avec la proſperité de votre
Etat : Heureux ordre de gouvernement
auquel vous êtes redevable de là conſer-
vation de diverſes Contrées de vos Etats!
C'étoit cet ordre que François I. récla-
moit en répondant à Charles-Quint, que
les Loix fondamentales de ſon Royau-
me *étoient* (1) *de ne rien entreprendre ſans*
le conſentement de ſes Cours Souveraines ,
entre les mains deſquelles réſidoit toute ſon
autorité : c'étoit cet ordre dont Henri IV.

(1) Remontrances du Parlement en 1615.

reconnoiſſoit le prix , lorſque le Premier Préſident lui repréſentant que le Parlement ne pouvoit enregiſtrer un Edit contraire au bien de l'Etat , ſi la liberté des ſuffrages , eſſence de toute délibération , ne lui étoit ôtée , ce Prince répondit en ces termes à jamais mémorables : *à Dieu ne plaiſe* (1) *que je me ſerve jamais de cette autorité qui ſe détruit ſonvent en la voulant établir , & à laquelle je fais que les peuples donnent un mauvais nom.*

C'eſt notre fidélité , SIRE , qui nous inſpire de vous repéter ce que votre Parlement eut l'honneur de dire à l'un de vos prédéceſſeurs par l'organe du Premier Préſident : *Nous avons , (2) S I R E , deux ſortes de Loix ; les unes ſont les Ordonnances de nos Rois , qui ſe peuvent changer ſelon la diverſité des tems & des affaires ; les autres ſont les Ordonnances du Royaume , qui ſont inviolables , par leſquelles vous êtes monté au Trône , & à cette Couronne été conſervée par vos prédéceſſeurs. Entre ces Loix publiques , celle-là eſt une des plus ſaintes , &*

(1) Remontrances du Parlement en 1652.
(2) Diſcours de M. de Harlay , Premier Préſident , au Roi ſéant en ſon Lit de Juſtice au Parlement , le 15 Juin 1586. *Reg. du Parlement.*

laquelle vos prédéceſſeurs ont plus religieuſe-
ment gardée , de ne publier ni Loi ni Or-
donnance qui ne fût vérifiée en cette Com-
pagnie. Ils ont eſtimé que violer cette Loi ,
c'étoit auſſi violer celle par laquelle ils
ſont faits Rois , & donner occaſion à leurs
peuples de mécroire de leur bonté.

Nous ne rappellerons point ici les monumens des premiers âges de la Monarchie : vous ſavez, SIRE , dans quelle plénitude , avec quelle ſolemnité , s'exerçoit autrefois le droit qu'a le Parlement ,
comme *le* (1) *vrai Sénat du Royaume,*
de délibérer *ſur les Edits & Ordonnances ,*
qui par ſa délibération *y prennent leur der-*
niere forme & autorité , quand elles y ſont
publiées & regiſtrées.

Nous avons développé , SIRE , l'enchaînement des preuves qui établiſſent &
la ſolidité, & l'ordre primitif de ce droit
ſolemnel , juſqu'à l'époque de l'inſtitution
du Grand Conſeil. Ce nouvel établiſſement ne forma pas dans l'Etat une révolu-

---

(1) Diſcours de M. le Maître, Avocat Général , en requerant un enregiſtrement en pré-
ſence du Roi ſéant en ſa Cour , accompagné
des Cardinaux, Archevêques, Evêques, Princes,
Ambaſſadeurs étrangers , &c. 13 Juin 1499.
Reg. du Parlement.

tion. Les droits dont votre Parlement trouvoit le principe invariable dans l'ordre même de la Monarchie , ne fe font ni perdus ni partagés. Nos Rois n'ont point ceffé de reconnoître dans le Parlement l'empreinte immédiate de leur Majefté, le caractere de *Cour des Pairs* , qui reporte néceffairement la nature & les fonctions actuelles du Parlement à l'origine de la Monarchie. C'eft de VOTRE MAJESTE' même que le Parlement a reçu ce témoignage folemnel, qu'il eft encore aujourd'hui & la *Cour des Pairs* , & la (1) *premiere & principale de votre Royaume* , termes fi relatifs à ceux que toutes les anciennes Ordonnances confacroient pour exprimer la dignité du Parlement , *Cour Souveraine & capitale de tout le Royaume, fource , origine , modéle de la Juftice univerfelle du Royaume entier.* C'eft d'un de vos Prédéceffeurs, dont le regne encore peu éloigné a laiffé dans toute la France une vive impreffion de refpect & d'amour, que l'Etat a reçu, pour ainfi dire, de nouveau le dépôt de cette ancienne maxime , que *la garde* (2) *& la confer-*

(1) Déclaration du 28 Décembre 1724, regiftrée au Parlement le 29.
[2] Lettres-Patentes du 4 Juillet 1591. Pr. *des Lib.*

vation des Loix appartient naturellement au Parlement.

Nos Souverains ont toujours diftingué votre Cour par le rang & la prééminence qu'ils lui ont confervée fur fur le Grand-Confeil. Au moment même qu'il fut inftitué, Louis XII. féant en fa Cour, accompagné de Cardinaux, Archevêques, Evêques, Princes & Ambaffadeurs étrangers, prononça folemnellement, *eue fur ce délibération à aucuns des Prélats & Seigneurs y étant,* que des Lettres-Patentes, dont l'adreffe faifoit mention des Gens du Grand-Confeil avant le Parlement, devoient être *corrigées*, pour être *la Cour* (1) *de céans mife en premier lieu, & avant fon Grand-Confeil.* Et dans le fiécle fuivant on vit le Chancelier de France envoyé au Parlement par le Roi, prévenir le Parlement fur le préjudice que faifoit à l'autorité de la Cour, une entreprife de même genre ; & déclarer que c'étoit *par erreur* (2), que dans un Edit *on avoit mis le Grand-Confeil avant le Parlement, & que la faute étoit aifée à rhabiller.*

Placé fi conftamment dans une claffe

____

(1) 13 Juin 1499. *Reg. du Parlement.*
(2) 7 Septembre 1560. Difcours de M. le Chancelier de l'Hôpital au Parlement. *Reg. du Parlement.*

inférieure au Parlement , le Grand-Confeil n'a pû fans doute ni enlever , ni partager avec le Parlement , ce droit primitif de l'enregiftrement. Auffi ce droit exclufif, perpétué & cimenté par un ufage
qui fe renouvelle chaque jour , a-t-il reçu dans toutes les occafions , & fur-tout
dans les plus critiques , les témoignages
les plus exprès de la part de nos Rois.

Le Roi François I. (1) promit au Duc
de Savoye de ne lui faire jamais deman-
ne queftion des Terres qu'il tenoit, fpéciale-
ment de la Comté de Nice, à quoi eft re-
pliqué, difoit Henri II. dans les inftruc-
ctions qu'il remettoit à fes Ambaffadeurs
auprès de Charles-Quint, *que jaçoit que*
lefdites Lettres foient adreffées au Parlement
de Provence & Chambre des Comptes dudit
Pays & ailleurs, ce néanmoins ne y en a
aucune vérification, non pas même ne y ont été
préfentées, ce qui toutefois eft requis & NE-
CESSAIRE tant de difpofition de droit que
par les Ordonnances & ufances du Royaume
& du Pays de Provence, & partant lefdites

<hr>

(1) Mémoires dreffés & envoyés par M. le
Chancelier : fecond Mémoire. *Recueil de divers*
Mémoires, Harangues, Remontrances & Let-
tres fervant à l'Hiftoire de notre tems. A Paris
chez Pierre Chevalier, 1622. avec privilége du
Roi. pag. 113. & 114.

Lettres DEMEURENT ENCORE SANS EF-
FET AUCUN, tant que elles soient vérifiées.
Les mœurs de la Nation Françoise, disoit de
la part du Roi Charles IX, & d'après les
instructions signées de ce Prince, l'Ambassadeur chargé des intérêts de l'Etat auprès
du Pape ; *les mœurs de la Nation Françoise,*
(1) *& les anciennes Ordonnances des Rois*
Très-Chrétiens, religieusement observées jus-
qu'à ce jour, ne permettent pas qu'aucun éta-
blissement public, soit dans l'ordre de la Reli-
gion, soit dans l'ordre de la Société, porte le
caractere de Loi, QU'IL N'AIT ÉTÉ PU-
BLIÉ PAR ARREST DU PARLEMENT.

Nous ne vous présenterons plus, SIRE,
qu'un trait qui vous fera voir dans quel ordre nos Souverains ont toujours envisagé
l'enregistrement des Loix au Parlement.
Nous sommes avertis, disoit en 1552 la Reine Régente au Parlement, *que l'Edit fait par*
le Roi notre très-cher Seigneur & époux, de la
création & augmentation d'aucuns Officiers
en sa Cour des Aydes à Paris, NE PEUT
ETRE LU, PUBLIÉ ET VÉRIFIÉ EN AU-

---

(1) *Moribus nostris & Regum Christianissi-*
morum antiquis Constitutionibus in hunc usque diem
religiosè observatis, nihil in Galliâ publicè quod ad
sacras, vel privatas res pertineat, pro lege statui-
tur, quod non sit Parlamenti Arresto publicandum.
Pr. des Lib. 1561.

CUN AUTRE LIEU où il eft adreffant, (1)
*que PREMIEREMENT il ne foit procédé par
vous à la lecture, publication & vérification
d'icelui.*

Il eft donc démontré , SIRE , que
l'enregiftrement des Loix au Parlement,
néceffaire pour les (2) *rendre publiques, ne
peut être fuppléé par aucun Tribunal.* Il
eft encore reconnu que quoique le droit
de juger de certaines matieres particulieres puiffe appartenir à différens Tribunaux fouverains , autres que le Parlement , toutefois (3) *où il y a quelque
chofe* dans les objets mêmes qui ont rapport *à leurs fonctions , concernant uni-
verfellement l'Etat & Fait de la Juftice ef-
dites matieres , imminuant icelui notable-
ment , la Cour de Parlement , qui eft le fou-
verain confiftoire du Roi & a la Jurifdiction
générale & univerfelle , combien qu'elle ne
l'ait quant au jugement particulier des Procès dépendans du fait de ces Tribunaux , en
doit avifer & faire donner ordre à ce que le
commun train de la Juftice ne foit inverti.*

Telle eft , SIRE , la Loi de votre

(1) Lettre de la Reine Régente au Parlement , reçue le 18 Mai 1552. *Reg. du Parlement.*
(2) Remontrances du Parlement des 19 &
27 Juin 1718.
(3) Remontrances du Parlement du 4 Mai
1541

Empire. C'eſt conformément à cet ordre qui rend eſſentiellement votre Parlement dépoſitaire des Loix du Royaume , que lorſque Charles VIII. jugea
néceſſaire de pourvoir aux plaintes de
ſes Sujets ſur pluſieurs abus, le Chancelier vint de ſa part au Parlement le 17
Février 1497 (1) demander que les *Or-*
donnances lûes & enregiſtrées lui fuſſent
communiquées pour les avoir par extrait.

Nous oſons même vous dire que c'eſt
ſur cette Loi fondamentale qu'eſt aſſurée
la foi des titres les plus ſolemnels de
votre Etat : que les peuples étrangers l'ont
connue, cette Loi, & en ont fait la baſe
de leurs engagemens, lorſqu'ils ont ſtipulé
expreſſément que des Traités de Paix ſeroient *enterinés, vérifiés* (2) *& enregiſtrés*
en la Cour de Parlement de Paris, & dans
les autres Parlemens (qui ne forment
qu'un même Corps, *& ne ſont* (3) *que diffé-*
rentes claſſes du Parlement du Roi : lorſqu'ils ont exigé que le Roi *donnât pou-*
voir ſpécial & irrévocable à ſes Procureurs
Généraux qui ſeroient *préſens* à l'enregiſtrement des Parlemens, *pour illec conſen-*

(1) *Reg. du Parlement.*

(2) Traités de Madrid, de Tréves, de Creſ-
py, de Château, de Vervins, &c.

(3) Diſcours du Chancel. de l'Hôpital au Par-
lem. 7 Sept. 1560, *Reg. du Parl.*

tir aux enterinemens susdits , eux soumettre volontairement à l'obéissance de toutes les choses convenues esdits Traités , & qu'en vertu d'icelle volontaire submission , le Roi fût à ce condamné par Arrêt & Sentence définitive desdits Parlemens en bonne & convenable forme.

Protecteur de votre Etat & des droits Sacrés qui en assurent la stabilité, vous ne souffrirez jamais, SIRE, qu'un ordre si ancien, si solemnel, si respecté, si utile, souffre sous votre Régne aucune atteinte. C'est, nous ne craignons pas de vous le dire, c'est l'intérêt général de votre Monarchie, plus encore que la bienveillance dont votre Parlement ose se croire en droit de vous demander la continuation, qui exige de vous l'exacte conservation de la prérogative la plus incommunicable de cette Cour, qui a (1) rendu *de grands & signalés services aux Rois vos Prédécesseurs , qui est le lien de l'obéissance de tous les Ordres ,* & que des nœuds également sacrés , également indissolubles unissent à jamais , & depuis que la Monarchie subsiste, à votre Trône & à l'Etat entier.

Il est un second principe d'ordre public qui se réunit comme de lui-même au pre-

(1) Edit du mois de Juill. 1644, Reg. le 19 Août

E

mier, & qui n'eft que le précis des grandes vûes que nous avons eu l'honneur de
vous expofer, SIRE, fur l'ordre général
& fur la conftitution de votre Etat.

C'eft que le Grand-Confeil admis depuis 250 ans dans un Empire qui compte
treize fiécles de durée, n'eut jamais ni le
droit de repréfenter votre Parlement dans
l'augufte fonction de mettre aux Loix le
dernier fceau par fon enregiftrement, ni
le Reffort fur les Tribunaux inférieurs,
moins encore le droit de leur adreffer les
Edits ou Déclarations, pour être par fes
ordres inférés dans leurs Regiftres.

Quels que puiffent être l'objet & les
fonctions des Gens du Grand-Confeil, cet
objet & ces fonctions font néceffairement
relatives aux attributions *qui compofent* (1)
toute fa Jurifdiction, & fans lefquelles cette
Jurifdiction deviendroit inutile.

Cette idée fimple & primitive eft, SIRE,
le germe fécond des conféquences les plus
frappantes.

Si le Grand-Confeil eft un Tribunal de
fimple attribution, non-feulement il ne
peut avoir d'autorité que pour les feules
affaires qui lui font fpécialement & réguliérement attribuées; mais il ne peut avoir

(1) Réponfe du Chancelier au Parlement
le ..... Janvier 1645. *Reg. du Parlement.*

aucune autorité , relativement aux objets
qui ne font pas fufceptibles d'être compris
dans des attributions. Or comment la plus
grande & la plus importante de toutes les
fonctions , la plus intimement unie à la
conftitution même de la Monarchie , celle
dans laquelle fe peignent le plus effentiellement, & l'empreinte de la Majefté Royale,
& l'image du concours de la Nation ; ce
droit d'être le Tribunal fuprême où le Souverain confomme & confacre fes Loix ,
pourroit-il être abandonné au gré d'une
attribution arbitraire ? Comment conce-
vroit-on qu'une autorité fans caractere
propre pût être le principe conftitutif du
caractere fuprême des loix ; que l'impreffion d'un pouvoir effentiellement vacillant
pût être dans les Loix le gage de leur fta-
bilité , le fceau de leur authenticité ; que
ces monumens inébranlables , qui font le
fondement de la conftitution de la Monarchie , n'euffent qu'une bafe fans confif-
tence , & puffent recevoir l'ordre de leur
enchaînement , l'infpection foutenue qu'e-
xige leur confervation , d'un Tribunal
dont l'exiftence même feroit accidentelle
& momentanée.
  Un Tribunal de fimple attribution, étranger par fa nature à l'ordre judiciaire,
plus capable d'en déranger que d'en diri-

ger l'œconomie, ne peut être le supérieur de ceux dont l'être est essentiellement différent du sien. Le pouvoir Territorial est le germe nécessaire du droit de Ressort, & par sa nature même il ne peut être un droit flottant. Des affaires particulieres peuvent dans quelques cas suivre un cours particulier, mais jamais entraîner avec elles, & porter dans le Tribunal auquel est accordée la simple faculté de les juger, l'autorité sur le Territoire, sur les Juges inférieurs, & sur les sujets qui en dépendent par le plan général de l'Etat.

Enfin, SIRE, le droit d'adresser aux Juges inférieurs les Loix qui doivent être déposées dans leurs Registres, suppose en même tems & le droit de consacrer ces Loix, & le droit de Ressort sur les Tribunaux ordinaires. Comment un Tribunal d'attribution, dont la nature est incompatible avec chacun de ces deux droits primitifs, oseroit-il s'en arroger la plénitude, par un acte qui est l'exercice le plus éminent & le plus complet de l'un & de l'autre?

S'il étoit possible de supposer que les Gens du Gr. Conseil eussent quelquefois adressé aux Juges inférieurs quelques Edits, Déclarations ou Réglemens; si nous pouvions même douter du courage ou des lu-

mieres de quelques-uns des Officiers diftri-
bués dans tout le Royaume, à qui de femblables Actes auroient été adreffés; ce ne
feroient, SIRE, que des entreprifes de
fait de la part des Gens du Grand-Confeil, des tentatives clandeftines, auffi
incompatibles avec leurs fonctions, que
contraires à la conftitution & aux Loix
de la Monarchie.

Si l'évidence même des trois points de
vûe que nous venons de vous expofer,
SIRE, ne prévenoit toute preuve &
toute difcuffion, nous oferions vous fupplier de vous rappeller les notions primi-
tives d'après lefquelles nous avons eu
déja l'honneur de vous développer l'ordre effentiel, la formation & la diftribu-
tion générale de votre État, l'analogie &
l'enchaînement des Jurifdictions qui préfentent de toutes parts aux peuples dans
une harmonieufe gradation l'image de
VOTRE MAJESTE'. Les fonctions effentielles de votre Cour, de votre Parlement, vous font connues. L'établiffement, la nature des fonctions, pour ainfi
dire, extrajudiciaires du Grand-Confeil,
le genre d'autorité qui peut lui appartenir, le contrafte de ces fonctions & de
cette autorité avec les principes confti-
tutifs des autres Tribunaux, toutes ces

E iij

grandes vûes se retracent dans votre esprit ; & leur premiere impression vous avoit déja convaincu , que le Grand-Conseil ne pouvoit être ni le centre de l'ordre œconomique de la Justice, ni le dépôt des Loix de l'Etat ; que le droit d'enregistrement, le droit de Ressort sur les Tribunaux, le droit de leur adresser des Loix, ne po..voient compatir avec son essence.

En vain les Gens du Grand-Conseil se proposeroient-ils , ou de répandre des nuages sur des points de vûe si lumineux, ou du moins de supposer le système nouveau d'un droit de Ressort relatif , d'une Jurisdiction sur les Officiers inférieurs renfermée dans l'étendue des matieres dont vous aurez jugé à propos de leur attribuer spécialement la connoissance. Vous aviez prévenu , S I R E , par des décisions formelles un système si peu conformé à l'ordre public , avant même que ce système fût formé. Nombre d'affaires comprises dans des attributions générales au Grand-Conseil accordées à différentes Communautés , portées même dans ce Tribunal en vertu de ces attributions, en ont été distraites sur l'unique principe que les Substituts de votre Procureur Général dans quelques-uns des Baillages inférieurs étoient parties dans ces affaires , à raison des fonctions du Ministere public, & ne pouvoient être forcés de plaider hors de leur Siége, ni traduits dans un autre Tribunal supérieur que le Parlement, où devoit en ce cas nécessairement être relevé l'appel de la Sentence des premiers Juges, pour y être statué avec votre Procureur Général ; de sorte que ce n'étoît pas le cas d'user du privilége accordé à ces Congrégations.

Nous avons, Sire, sous les yeux une Loi autentique dont votre Parlement a le dépôt & qui consacre ces principes. Elle frappe sur une affaire comprise par elle-même *dans l'Evocation générale accordée à l'Ordre de Cluny*, en vertu de laquelle des Religieux de cet Ordre avoient porté au Grand-Conseil l'Appel d'une Sentence de la Châtellenie Royale d'Yevre-le-Chastel. Vous *considérates*, SIRE, *que votre Procureur en cette Châtellenie avoit agi dans cette affaire comme partie publique ; & les Officiers de la Jurisdiction n'ayant fait que déférer à la réquisition qu'il leur avoit faite en ladite qualité, vous décidates qu'ils ne pouvoient être obligés de rendre compte de leur conduite que dans le Tribunal supérieur, où se porte naturellement l'appel de leurs Sentences.* Par les mêmes Lettres Patentes du 6 Août 1743 regiftrées en votre Parle-

E iv

ment le 20 du même mois , dont nous
venons de vous préfenter le texte même , vous jugeates à propos de retirer
du Grand-Confeil une affaire qui eût com-
promis cette fubordination qui ne lie
qu'à votre Procureur Général les Officiers revêtus dans les Provinces du miniftere public , & de rétablir à cet égard
le cours naturel de l'ordre des Jurifdictions , qui déféroit à votre Parlement
feul la connoiffance de cette conteftation.

Nous feroit-il permis , Sire , de vous
fupplier encore de vous faire repréfenter ces Journaux fecrets où doivent fe
conferver les veftiges des vûes les plus
intimes fur lefquelles fe préparent vos ré-
folutions générales ? Vous y verrez le jugement que porta votre augufte Bifayeul
fur une prétention femblable à celle
qu'élevent aujourd'hui les Gens du Grand-
Confeil , & peut-être moins inconcilia-
ble avec l'ordre public , puifqu'elle étoit
formée par un Tribunal que fes fonctions
fixes & déterminées placent au nombre
des Tribunaux ordinaires : Louis - le-
Grand fit écrire en 1714 tant aux Officiers d'une des Chambres des Comptes
de votre Royaume , qu'à ceux du Parlement dans le Reffort duquel elle étoit ,
que *fon intention n'étoit pas que* les Offi-

ciers de la Chambre des Comptes *en-*
voyaſſent aux Baillages les Edits & Dé-
clarations pour y être publiées & régiſtrées,
parce qu'ils n'étoient point en droit de le
faire, CELA ETANT DE LA COMPE-
TENCE DES PARLEMENS SEULEMENT,
auſquels les Baillages reſſortiſſent par leurs
Edits de creation & d'établiſſement.

Il ne nous reſte maintenant, SIRE,
qu'une analyſe très-courte à vous préſenter des nouvelles tentatives qu'on s'eſt
efforcé de conſacrer par la Déclaration
du 10 Octobre dernier. Les deux vues fondamentales que nous ayons eu l'honneur
de vous expoſer ſur le droit incommunicable du Parlement relativement à l'enregiſtrement des Loix; ſur la contradiction de la nature même du Grand-Conſeil, & avec ce droit primordial, & avec
celui de Reſſort ſur les Tribunaux, &
avec celui d'adreſſer les Loix aux Juges
inférieurs, pour être par eux enregiſtrées;
ces vues eſſentielles vont trouver comme d'elles-mêmes leur application, &
dévoiler à vos yeux le coup d'œil déci-
ſif des ſurpriſes qu'on n'a pas craint de
faire à votre religion.

On vous a demandé, SIRE, la confir-
mation des Edits de 1498 & de 1555; premiere ſurpriſe dans la propoſition même.

E v

Ces Edits , faute de vérification dans le
Tribunal unique qui puiffe leur imprimer
le dernier caractere , n'ont jamais acquis
force de loi dans votre Royaume.

Sous prétexte de renouveller ces Edits ,
on s'eft propofé d'établir contre les maximes certaines , qu'on ne craint pas de qua-
lifier *de prétention renouvellée* par le Parlement , que les Officiers du Grand-Confeil ont *une Jurifdiction ou droit de Reffort
fur les Officiers des Baillages & Sénéchauffées du Royaume* : Reffort dont la nature
eft peu déterminée dans l'efprit des au-
teurs de ce fyftême nouveau. Tantôt ils
fe réferent à l'Edit même de 1498 : &
quelle plénitude de jurifdiction & de Reffort ne trouvent - ils pas en faveur des
Gens du Grand-Confeil, dans ces termes
fi magnifiques, *toute telle autorité dans toute
l'étendue du Royaume qu'ont les Cours dans
l'étendue de leurs Refforts.* Mais à l'inftant
même , ce droit de Jurifdiction & de Reffort univerfel, cette autorité *TOUTE TEL-
LE que celle des Cours* , fe refferre *& fe borne*
à l'étendue *des matieres dont la connoiffance eft fpécialement attribuée au Grand-
Confeil :* fous cette derniere face, on la
préfente comme fortant des difpofitions
de l'Edit de 1555.

Nous avons eu l'honneur de vous démontrer, SIRE, combien fous toutes ces nuances différentes , ce fyftême eft peu conciliable avec les principes effentiels, de l'ordre politique, combien il eft con- traire à vos propres décifions.

. Ajoutons feulement que l'interpréta- tion prétendue qu'on donne aux Edits de 1498 & de 1555, ne fut jamais prife dans la teneur de ces titres : & l'ufage feul de près de trois fiécles fucceffifs pourroit fuffifamment en conftater la vé- ritable interprétation.

Le fens de l'Edit de 1498 a déja, SIRE, été développé , lorfque nous avons eu l'honneur de vous parler de l'établiffe- ment du Grand-Confeil.

L'Edit de 1555 pouvoit & devoit être réuni avec un autre femblable & auffi peu régulier dans fa forme, qui fut don- né en 1560, & au fujet duquel le Chan- celier vint au Parlement de la part du Roi, lui déclarer que l'*Edit des* (1) *Pa- reatis n'avoit été fait pour la Cour de céans* ; parce que les *Pareatis* que les Parties étoient obligées d'obtenir pour exécuter les Arrêts du Grand-Confeil , & que nous voyons dans nos Regiftres demandés quelquefois au Parlement par les Offi-

(1) Difcours de M. le Chancelier de l'Hôpital au Parlement le 7 Septemb. 1560. *Regift. du Parl.*

E vj

ciers même du Grand-Conseil chargés de l'exécution , n'y éprouvoient point de difficultés dans les cas où ces Arrêts étoient donnés légitimement.

Ces Edits n'eurent jamais pour objet de donner au Grand-Conseil un droit de Ressort en quelque dégré ni sur quelque partie du Royaume que ce pût être. Si le plan qui vous a été exposé , SIRE , de l'ordre invariable qui résistoit à un semblable projet , pouvoit devenir plus frappant par une nouvelle preuve , elle se trouveroit dans l'Edit de 1560 , qui comprend sous une même disposition & sans aucune distinction , tous *Arrêts*, *Jugemens* donnés & *par le Grand Conseil & par les Cours de Parlement , Chambre des Comptes, Cour des Aydes , Tréforiers de France, & Généraux des Finances, Baillifs, Sénéchaux & Juges du Royaume ou leurs Lieutenans.* Si l'exécution libre partout le Royaume *fans permiffion , placet, vifa, ne pareatis ,* est assurée en 1560 aux Jugemens des moindres Officiers d'un Baillage particulier, est-ce un titre attributif de Ressort & de Jurisdiction sur le Royaume entier ? Ou le Grand-Conseil trouvera-t-il un droit aussi éminent réservé à lui seul dans une disposition qui comprendroit ses Jugemens avec ceux de tous les

Juges de quelque dégré qu'ils puffent
être ?

L'appareil même dont il eft indifpen-
fablement néceffaire que les Arrêts du
Grand-Confeil foient revêtus pour avoir
leur exécution, dépofe contre l'autorité
intrinfeque & directe que cette Compagnie veut s'attribuer : & s'il étoit poffible
de fuppofer que les Edits de 1498, 1555
& 1560, euffent eu pour objet d'attribuer
au Grand-Confeil cette autorité, il feroit
évident que ces Edits feroient demeurés fans aucune exécution. Les Gens du
Grand-Confeil ne peuvent donner, même
à leurs propres Officiers, pour l'exécution
de leurs Arrêts, une miffion qui émane
d'eux : aucun de vos Sujets ne reçomoî-
troit leur autorité, fi, par l'impreffion du
Grand Sceau, ils ne s'autorifoient d'un
caractere qui, tout augufte qu'il eft,
n'eft qu'emprunté ; reffource qui caractérife effentiellement un pouvoir précaire
& limité à chaque acte particulier, & qui
fuppofe par conféquent dans ceux qui ne
peuvent fe difpenfer d'y avoir recours,
le défaut de Reffort & de Jurifdiction proprement dite.

Quel feroit donc le fens de ces Edits
de 1555 & de 1560, s'ils étoient confa-
crés par un enregiftrement ? Le Tribunal

du Grand-Conseil ne pourroit y trouver aucune prérogative, aucun droit ni de territoire, ni de Reffort, ni de Jurifdiction proprement dite. Tout s'y rapporteroit uniquement à l'intérêt des Parties : ce feroit, Sire, une fimple faculté accordée aux Parties de faire exécuter les jugemens rendus par le Grand-Conseil dans les affaires qui lui font attribuées ; faculté qui peut être une dépendance de celle de juger ces affaires donnée au Grand-Conseil, & qui n'eût jamais éprouvé d'obftacles, fi le Grand-Conseil n'eût jamais connu que d'affaires qui lui fuffent réguliérement attribuées.

C'eft ici que nous ne pouvons nous difpenfer, SIRE, de vous faire obferver à quel point fe multiplient les furprifes que nous fommes obligés de vous faire connoître. Quelque autorité qu'on eût accordée aux Edits de 1498 & de 1555, quelque interprétation qu'on leur eût donnée, ce n'étoit pas encore affez : on vouloit que le fyftème pût réfléchir fur l'Arrêt que votre Parlement n'a pu fe difpenfer de rendre & de faire adreffer aux Baillages & Sénéchauffées de fon Reffort. Il a fallu fuppofer que cet Arrêt bleffoit les difpofitions de l'Edit de 1555, c'eft-à-dire, qu'il anéantiffoit la faculté donnée aux Parties de faire exécuter les Arrêts rendus par le Grand-Conseil dans leurs affaires particulieres. Est-il, SIRE, dans l'Arrêt de votre Parlement, qu'il nous soit permis de vous le repréfenter, est-il un feul mot par lequel votre Parlement fe foit expliqué fur l'exécution que les Parties donneroient aux Arrêts du Grand-Conseil ? L'occafion qui a donné lieu à l'Arrêt de votre Parlement, est-elle née de l'exécution de quelqu'uns de ces Arrêts rendus fur des affaires ordinaires ? Un enlevement de minutes qui ne font pas nécessaires à l'instruction même & au jugement du procès que le Grand-Conseil prétend s'attribuer, puisqu'il en avoit déja des expéditions, est un acte de Police exercé fur un Tribunal inférieur, aussi irrégulier quant aux fonds de fon objet, qu'il l'est par le défaut de pouvoir & d'autorité dans le Grand-Conseil. Cette entreprise, foutenue avec vivacité, annonce que le Grand-Conseil ne tend qu'à entamer l'ordre des Jurifdictions, à s'attribuer des droits de Police & de Reffort, que jamais les Edits de 1498 & de 1555 ne lui donnerent, & qui frappent fur tous les Tribunaux inférieurs, s'ils peuvent en affujettir un feul. De-là le Parlement est obligé de prévenir les fuites d'un fyftême

qui se découvre si clairement : il avertit
les Juges qui n'ont serment qu'en la Cour,
que les *ordres* que le Grand-Conseil entreprendroit de leur adresser, ne seroient
point des actes légitimes de supériorité,
ausquels ils fussent tenus de déférer ; que
les *poursuites* des Gens du Grand-Conseil
contre eux ne seroient que des voies de
fait, dont ils doivent instruire à l'instant
le seul Tribunal auquel ils ressortissent,
& dans un Arrêt dont tout l'objet étoit
de pourvoir à l'avenir, sans même réprimer ni punir le passé, on vous présente,
SIRE, un contraste avec des Edits qui n'eurent jamais rien de relatif, ni à l'objet, ni
à l'occasion de l'Arrêt de votre Parlement.

On fait plus : dans une Déclaration qui
toute entiere ne s'explique d'une maniere
distincte, que sur le droit de Ressort prétendu par le Grand-Conseil, & qui garde
le plus profond silence sur l'enlevement
irrégulier des minutes du Châtelet, on
infére avec une négligence affectée une
disposition générale, propre à attaquer
indifféremment toutes les parties de l'Arrêt de votre Parlement, dont un des objets essentiels étoit de prendre les précautions les plus sages, les plus mesurées &
les plus nécessaires pour réparer provisoi-

tement la fouftraction de ces minutes.

Quelles repréfentations refpectueufes n'aurions-nous pas , SIRE , à faire à VOTRE MAJESTÉ fur le genre même d'atteinte qu'on effaye de porter à l'Autorité fouveraine ! C'eft dans le Grand-Confeil que va prendre fon autorité une loi préparée pour arrêter l'effet d'un Arrêt de votre Cour. Vouloir anéantir un Arrêt du Parlement par une Déclaration vérifiée au Grand-Confeil , ce feroit renverfer tout ordre ; ce feroit ériger de fait un Tribunal fupérieur & réformateur de votre Cour *Premiere & Capitale ;* ce feroit avilir cette *dignité* (1) fuprême, qui fait *une partie effentielle de celle même de Votre Majefté.*

L'exécution qu'on s'eft propofé , SIRE, de donner à la nouvelle Déclaration , annonce combien le fyftême actuel eft différent de celui dans lequel furent dreffés les Edits de 1498 & de 155?, de celui même que le Grand-Confeil fe propofa, lorfqu'il reçut ces Edits. L'enregiftrement qu'il en fit dans l'une & l'autre de ces deux époques , ne fut qu'une fimple tranfcription dans fes Regiftres. Les Gens du Grand-Confeil ne furent point éblouis par les termes impofans *de toute telle autorité par tous*

_____

(1) Edit de Juillet 1644. reg. le 19 Août,

le *Royaume*, *que celle des Cours dans leurs* *Reſſorts.* Tout l'Etat eût reclamé. Ils n'a-dreſſerent donc à aucun des Tribunaux inférieurs les Edits de 1498 & de 1555.

Aujourd'hui, SIRE, on porte le plan beaucoup plus loin. Un mandat ſpécial donné contre la forme ordinaire à celui qui exerce le miniſtere public dans le Grand-Conſeil, caractériſe en même-tems & le ſyſtême, & l'irrégularité du ſyſtême. Ce mandat eſt contraire à tous principes & uſages ; & jamais votre Procureur Gé-néral, Miniſtre naturel, ſous les ordres du Parlement, de l'exécution des Loix du Royaume, ne prit une miſſion ſpéciale pour s'autoriſer à adreſſer ces Loix aux Juges inférieurs. Ce mandat paroît donc conſtater & reconnoître que les Gens du Grand-Conſeil n'ont par eux-mêmes au-cun pouvoir d'ordonner aux Baillages & Sénéchauſſées de publier la Déclaration. Mais au préjudice de cette reconnoiſſance même, quelle atteinte ne porte-t-il pas à l'ordre public, à l'eſſence & à l'état de votre Parlement, Miniſtre eſſentiel des Loix., à qui ſeul il appartient de les véri-fier, & *de qui ſeul les Baillages & Séné-chauſſées* (.1) *doivent les recevoir pour les*

(1) *Intelleximus quod licet.Curia noſtra Parlamenti*

publier , & tous vos Sujets pour les exécuter.

Enfin , SIRE , l'Arrêt du Grand-Confeil
qui ordonne l'envoi de la Déclaration à
*tous les Siéges , Baillages & Sénéchauffées
du Royaume , pour y être lûe , publiée &
enregiftrée*, entre dans le même fyftême ,
& confommeroit l'entreprife, s'il pouvoit
avoir quelque exécution. Les Gens du
Grand-Confeil fe font perfuadés que les
Officiers qui exercent dans les Tribunaux
le miniftere public , pouvoient être appellés *Subftituts* du Procureur Général du
Grand-Confeil , au préjudice de ces décifions. (1) émanées de vous-même , qui
établiffent qu'ils ne font *refponfables de leur
conduite* qu'au Parlement , & que les affaires , dans lefquelles ils font Parties à raifon
de leur office , ne peuvent par cette raifon
même être portées dans aucun autre Tribunal fupérieur que votre Parlement.
Quels titres feront capables de faire cef-
fer leurs prétentions , fi vos Loix même

---

*fit & effe debeat totius juftitiæ regni noftri fpeculum
veriffimum & origo, ex eâque cæteri NOSTRI JUDICES
ET SUBDITI RECIPERE DEBEANT ELUCESCENTIS
JUSTITIÆ DOCUMENTA, per quæ poffint lites um-
marié dirimere , ipfarum anfractus tollere , &c.*
Ordonnance du mois de Décembre 1363.

(1) Lettres-Patentes du 6 Août 1743.

ne leur apprennent pas à respecter les droits & l'état d'Officiers qui ne dépendent point de leur Jurisdiction ? Leur opposerons-nous encore l'expression précise d'un acte revêtu de votre Sceau? Louis XIII. veut notifier tant à son Procureur Général, qu'à celui qui exerce le ministere public au Grand-Conseil, & à celui qui remplit au Châtelet de Paris la même fonction, une Evocation qu'il destinoit à appaiser une contestation vive, excitée entre les trois Compagnies. Dans la Commission qu'il adresse à celui qu'il charge de cette notification, il se sert de ces termes : (1) *A nos Procureurs Généraux en notre Cour & Grand-Conseil, aux Lieutenant-Civil & Gens tenans le Siége Présidial au Châtelet de Paris, & Substitut de notre Procureur Général en icelui.* Quelle impression ne forme pas cette suite d'expressions réunies, *Nos* PROCUREURS GENERAUX *en notre Cour & Grand-Conseil.....& Substitut de* NOTRE PROCUREUR GENERAL *au Châtelet ?*

Mais ce n'est point en multipliant les preuves de l'entreprise, que nous détruirons l'existence d'un plan, dont le premier principe est une étrange interversion des droits les plus inattaquables. C'est à

(1) 20 Novembre 1626. *Mss. Dupuy n. 215.*

votre fageffe , SIRE , que cet ouvrage eft
réfervé.

Vous ne pouvez plus douter, SIRE ;
que les entreprifes des Gens du Grand-
Confeil fur le Parlement n'attaquent & ne
compromettent tout à la fois par leurs
conféquences l'intérêt des citoyens, l'ordre des Jurifdictions, les droits de la Pairie , la police générale du Royaume, & la
conftitution immuable de l'Etat : que ces
atteintes n'exigent qu'il plaife à Votre Majefté , en fuivant l'exemple de fes prédéceffeurs, profcrire des entreprifes que le
Grand-Confeil renouvelle au mépris de
leurs décifions, le renfermer dans les bornes du pouvoir qui peut lui appartenir,
& (1) *conferver fon être premier & naturel*
à la juftice , le plus ferme appui de l'autorité Royale.

Après tant de confidérations fi importantes & fi décifives , votre Parlement,
SIRE, préfentera-t'il dans les circonftances
qui ont fait éclater ces entreprifes, un
nouveau motif d'en arrêter le cours ?
Convaincu que c'eft concourir au bon-

(1) Edit du mois d'Août 1547. regiftré le
22. Autre du mois de Février 1548 regiftré le 19
Mars. Réponfe du Roi rapportée au Parlement le
19 Septembre 1571. *Reg. du Parlement.* Remontrances du Parlement du 6 Juillet 1579.

heur des Sujets, que d'informer la fageffe
qui y préfide, de ce que le fuccès des
vûes les plus glorieufes & les plus utiles peut trouver d'obftacles, votre Parlement manqueroit doublement à fon devoir, s'il ne faifoit connoître à VOTRE
MAJESTE' combien le moment marqué
par les entreprifes des Gens du Grand-
Confeil, intéreffe tout à la fois & la gloire
perfonnelle du Souverain & la félicité
des Peuples.

Il n'eft point d'inftant plus critique que
celui où le calme commence à fuccéder
aux troubles ; où ceux que l'imprudence
avoit écartés du devoir & de l'ordre, y
rentrent infenfiblement ; où ce calme &
ce retour encore mal affurés ont befoin du fecours du tems pour devenir auffi
folides que durables ; & c'eft au moment
même qui voyoit renaître cette fubordination & cette tranquillité fi néceffaires
& fi long-tems défirées, que l'ordre public, par lequel vos foins & vos travaux, SIRE, ramenent l'une & l'autre
dans vos Etats, & qui feul peut les affu-
rer, reçoit des atteintes nouvelles & les
plus dangereufes.

Quelle reffource pour perpétuer &
augmenter même la divifion qui, depuis
tant d'années agite l'Eglife & l'Etat, que

des entreprises qui par elles-mêmes, &
dans leurs conséquences, n'attaquent pas
moins l'ordre public que son principe
& son plus ferme soutien ; que des entreprises qui tendant à partager, affoiblir,
& altérer l'autorité Royale dans les Parlemens, ne peuvent que désunir & con-
fondre & la Souvéraineté & l'obéissance.

La tranquilité, SIRE, que la loi la
plus sage peut seule rendre à vos Etats,
pourroit-elle donc trouver de plus grands
obstacles que des troubles nouveaux cons-
pirans d'eux-mêmes avec les anciens pour
altérer à l'envi cet ordre & le repos qu'annonce & assure à vos Sujets le monument
le plus autentique de la prudence & de
la bonté souveraine ?

Mais ce monument nous est un garant
trop sûr de la sagesse dont il est émané,
pour que votre Parlement, SIRE, puisse
douter que cette même sagesse ne vous
fasse appercevoir combien il importe à
vos Peuples que VOTRE MAJESTÉ
maintienne son propre ouvrage, en as-
surant de plus en plus l'ordre public, &
qu'elle proscrive à jamais des entreprises
qui ne peuvent que détruire l'un & l'autre.

Quel moyen plus propre à rétablir so-
lidement & pour toujours la tranquillité
renaissante, que d'en entretenir tout à la

fois fans partage & fans confufion la caufe & l'inftrument dans l'ordre général & effentiellement un, qui ne confervant pas moins les Etats qu'il ne les conftitue, en fait la grandeur & la félicité?

Tout Gouvernement n'eft fondé, n'eft affuré, SIRE, que fur l'ordre public, dont le principe, la régle & l'ame eft la juftice : fans elle il n'y auroit que troubles, que difcorde, qu'anarchie entre les hommes : fans ordre la liberté naturelle ne feroit qu'une monftrueufe licence ; la fubordination néceffaire, qu'un efclavage impofé par force à la foibleffe ; la fouveraineté fi avantageufe à toute fociété, qu'une puiffance encore plus mal affurée qu'aveugle.

L'ordre qui ne maintient pas moins l'autorité fouveraine que la liberté & la tranquilité publique, eft plus effentiel & plus propre, SIRE, à l'Empire François qu'à tout autre : il eft né dans la Monarchie avec elle-même : il tient à fa conftitution, & à fes loix fondamentales : il n'eft que l'ombre de l'ordre invariable de l'éternelle Sageffe, Tranfmife fucceffivement jufqu'à VOTRE MAJESTE' avec l'efprit de nos Rois, cette fageffe regne auffi conftamment que fouverainement pour la gloire & pour le bonheur de vos Peuples.

ples. Plus fûrs comme plus touchés de
l'obéiffance, lorfqu'elle n'eft dûe qu'à l'a-
mour, nos Rois n'ont jamais voulu com-
mander que par la juftice.

C'eft dans cette vûe, SIRE, que
pour éclairer & tempérer le pouvoir ab-
folu de la fouveraineté par la prudence
des confeils, la bonté de nos Souverains
a communiqué de tout tems à leurs premiers Magiftrats cette puiffance établie
pour foumettre la licence des hommes à
l'équité des Princes : ils ont fenti, ils
ont reconnu, SIRE, que de tels Miniftres de leur autorité ne fervent qu'à
faire regner juftement les Monarques,
& à leur concilier de plus en plus les
Peuples.

Ainfi nos Rois, fource de la juftice,
l'ont de toute ancienneté établie, pour
leur intérêt même, dans les Parlemens
comme dans fon Trône le plus augufte &
le plus favorable, en fe repofant fur ces
Cours, d'une partie des foins, des obliga-
tions & des travaux qu'entraîne la Royau-
té : ainfi, Miniftres effentiels du pouvoir
fuprême & de la tranquilité publique,
les Parlemens, par une conféquence néceffaire, ont toujours été les dépofitaires
& les garans des Loix & des Maximes qui
conftituent l'une & l'autre : ainfi les Par-

F

lemens font les feuls organes naturels
& propres de toutes les volontés par lefquelles le Monarque maintient & affure
ces Loix & ces Maximes immuables.

Delà les Edits, Ordonnances & Déclarations ne peuvent être vérifiés que
par les Parlemens fur les Loix dont ils ont
feuls le dépôt & la garde : delà les Parlemens font les feuls qui puiffent attefter
aux Juges inférieurs des volontés auffi
juftes que fouveraines, & les tranfmettre
par eux aux peuples dans toutes les parties du Royaume : delà ce n'eft que par les
Parlemens que cette puiffance légiflative
inféparable de la juftice, ou plutôt qui
n'eft dans nos Rois que la juftice même,
fe produit, parle, agit avec une autorité
publique & inviolable.

Et quels avantages n'ont pas réfultés,
SIRE, depuis la naiffance de la Monarchie jufqu'à ce jour, de ce mélange
heureux de fouveraineté & de prudence,
& de cette fage modération de l'une par
l'autre ! harmonie conftante & effentielle, auffi ancienne que l'Empire François :
c'eft à elle qu'il eft redevable de fes progrès & de fa grandeur ; elle eft le principe & le gage de fa confervation ; elle
maintient fans effort l'autorité Royale ;
elle affure la fouveraineté par la juftice.

Ne devons-nous pas encore à cette harmonie la foi publique qu'elle a fondée fur
les Loix du Royaume , & qu'elle entre-
tient fur les Ordonnances : cette foi publique qui unit le Monarque & les Sujets
pour la paix , la gloire , & le bonheur
de l'Etat : cette foi publique & immémo-
riale toujours gardée , toujours garantie
par les Parlemens ; qui les rend enfin le
nœud facré & le foutien commun de l'Empire & de l'obéiffance.

Mais la coopération des Parlemens ,
SIRE, à l'autorité fouveraine qu'ils exer-
çent , feroit auffi étrangere , & deviendroit auffi préjudiciable au Gouvernement François , qu'elle lui eft naturelle
& avantageufe , fi cette coopération n'é-
toit pas en même-tems , par fa nature ,
unique & invariable (1).

La Monarchie Françoife , une & indi-
vifible par effence , n'admet & ne permet
de reconnoître d'autre autorité , que l'au-

(1) Et Fidelium communi confilio fecundùm Dei
voluntatem, & commune falvamentum, ad reftitutio-
nem Ecclefiæ & flatum Regni & ad honorem Re-
gium atque pacem populi pertinenti adfenfum præ-
bebimus.... Verum fic fint nobis fideles & obedien-
tes, ac veri adjutores & cooperatores vero confilio
& fincero auxilio ad ifta peragenda, ficut per rec-
tum unufquifque fuo Principi effe debet. Capitul.
tom. 2. p. 47.

F ij

torité Royale, unique autant que fuprême.

L'unité de l'autorité, dans fon exercice comme dans fa fource, & l'union
que cette unité produit dans l'obéiffance,
font l'effence & la force de tout Gouvernement Monarchique, parce que de
cette unité & de cette union réfulte un
concert naturel & infaillible, que tout
partage exclut néceffairement.

D'où proviennent dans les Monarchies
les défordres intérieurs qui les ébranlent,
& peuvent les renverfer, fi ce n'eft du
partage dans l'autorité, de la méfintelli-
gence qui en eft la fuite, & de la difcorde
que l'une & l'autre entraînent dans l'ô-
béiffance ?

Et quelle anarchie ne produiroit pas,
SIRE, le partage auffi dangereux que
nouveau, qui feroit, au préjudice des
Loix & maximes du Royaume, coopé-
rer le Grand-Confeil autant que vos Parlemens à l'autorité Royale : fi les Juges
ordinaires reffortiffoient & étoient fu-
bordonnés, contre toute regle & tout
ufage, à d'autres qu'à vos Parlemens,
quelle altération dans l'obéiffance !

Que l'autorité ne foit plus une dans
l'exercice, comme elle l'eft dans fa
fource, les commandemens, SIRE, ou.

se détruiront par leur contrarieté, ou se confondront du moins par leur multiplicité & leur concurrence.

De cette confusion, ou de cette contradiction, quelle perplexité & quelle incertitude dans l'esprit de ceux qui les reçoivent ! Quel trouble, quelle lenteur, quelle indifférence, quel dégoût dans l'exécution ! Que de prétextes, peut-être même que de motifs & de moyens, soit pour les Supérieurs de déranger & de s'attribuer exclusivement l'obéissance, soit pour les inférieurs d'y manquer & de s'y soustraire impunément ! Que deviendroit alors la subordination ? Et sans la subordination, que devient l'autorité ?

Rien n'est donc plus important, SIRE, au bien du service de VOTRE MAJESTÉ, que d'entretenir l'œconomie ancienne & essentielle, qui, formée par la constitution & les Loix de l'Etat, ne lie les Baillages & Sénéchaussées qu'aux Parlemens, & par laquelle ils maintiennent la Souveraineté, & assurent l'obéissance.

Quelle atteinte ne porteroit pas à l'une & à l'autre l'innovation qui romproit cette chaîne, pour unir les Juges inférieurs à ceux dont le pouvoir s'étend & se resserre au gré d'attributions arbitraires ? Ainfi l'autorité & l'obéiffance, également intéreffées à ne point varier, pourroient à leur préjudice commun s'étendre & fe refferrer arbitrairement & inceffamment.

Seroit-ce d'une autorité incertaine & changeante que parloient, SIRE, les Rois vos prédéceffeurs, lorfque Charles V (1) faifoit gloire de n'avoir retiré la Guyenne que par un Arrêt de fon Parlement ; lorfque le confeil de ne rien entreprendre fans l'avis de fes Pairs & de fon Parlement, étoit l'inftruction que Louis XI (2) en mourant laiffoit à Charles VIII ? Le Parlement auroit-il maintenu la Loi Salique, contre la Déclaration de Charles·VI (3); prononcé & rendu nulle la ceffion arrachée à François I, de la Bourgogne ; fait rentrer enfin dans leur devoir les peuples enraînés par l'efprit de faction ; & affer-

(1) 14 Mai 1370, Regiftres du Parlement.

(2) Teftament de Louis XI. du 21 Septembre 1482, regiftré en Parlement le 12 Novembre fuivant.

Preuves des Mémoires de Philippes de Commines vol. 4. page 89.

(3) Lib. accord. & ordin. Pictav. fol. xlv. & feq.

(4) 20 Décembre 1527, Regiftres du Parlement.

mi tant. de fois la Couronne dans l'augufte Maifon (1) qui nous gouverne,
pour notre gloire & notre félicité, fi l'autorité Royale eût été variable, partagée,
affoiblie, & altérée dans le Parlement ?

Que de motifs, SIRE, fe réuniffent
pour exiger de nous, à titre de devoir,
de fupplier VOTRE MAJESTE' qu'Elle
veuille entretenir entiere dans fes Parlemens une autorité auffi importante qu'effentielle.

Daignez profcrire à jamais, SIRE,
nous ofons le demander au nom de la fidélité la plus inviolable, des entreprifes
qui attaquent & compromettent la Souveraineté & l'obéiffance. Daignez retirer
une Déclaration qui, favorable à ces entreprifes, ne peut que porter atteinte à
l'une & à l'autre. Daignez enfin conferver ainfi, pour l'intérêt même de votre
Souveraineté, l'effence & la dignité de
la *Cour des Pairs* qui, felon le témoignage glorieux de Louis XIV, & celui
de fes prédéceffeurs, *a rendu* (2) *de tout
tems de grands & fignalés fervices aux Rois*

(1) Arrêt du Parlement du 30 Mars 1594,
Regiftres du Parlement, &c.
(2) Edit de Juillet 1644, regiftré e 19
Août fuivant: & plufieurs Edits de Charles VII.
& Henri IV.

dont Elle a fait regner les Loix, & reconnoître l'autorité & la puiſſance légitimes. Ce ſont - là,

SIRE,

Les très-humbles & très-reſpectueuſes REMONTRANCES qu'ont cru devoir préſenter à *VOTRE MAJESTÉ* vos très - humbles, très - obéiſſans, très-fidéles, & très-affectionnés Sujets & Serviteurs, les Gens tenans votre Cour de Parlement.

Fait en Parlement, le 27 Novembre 1755. signé, DE MAUPEOU.

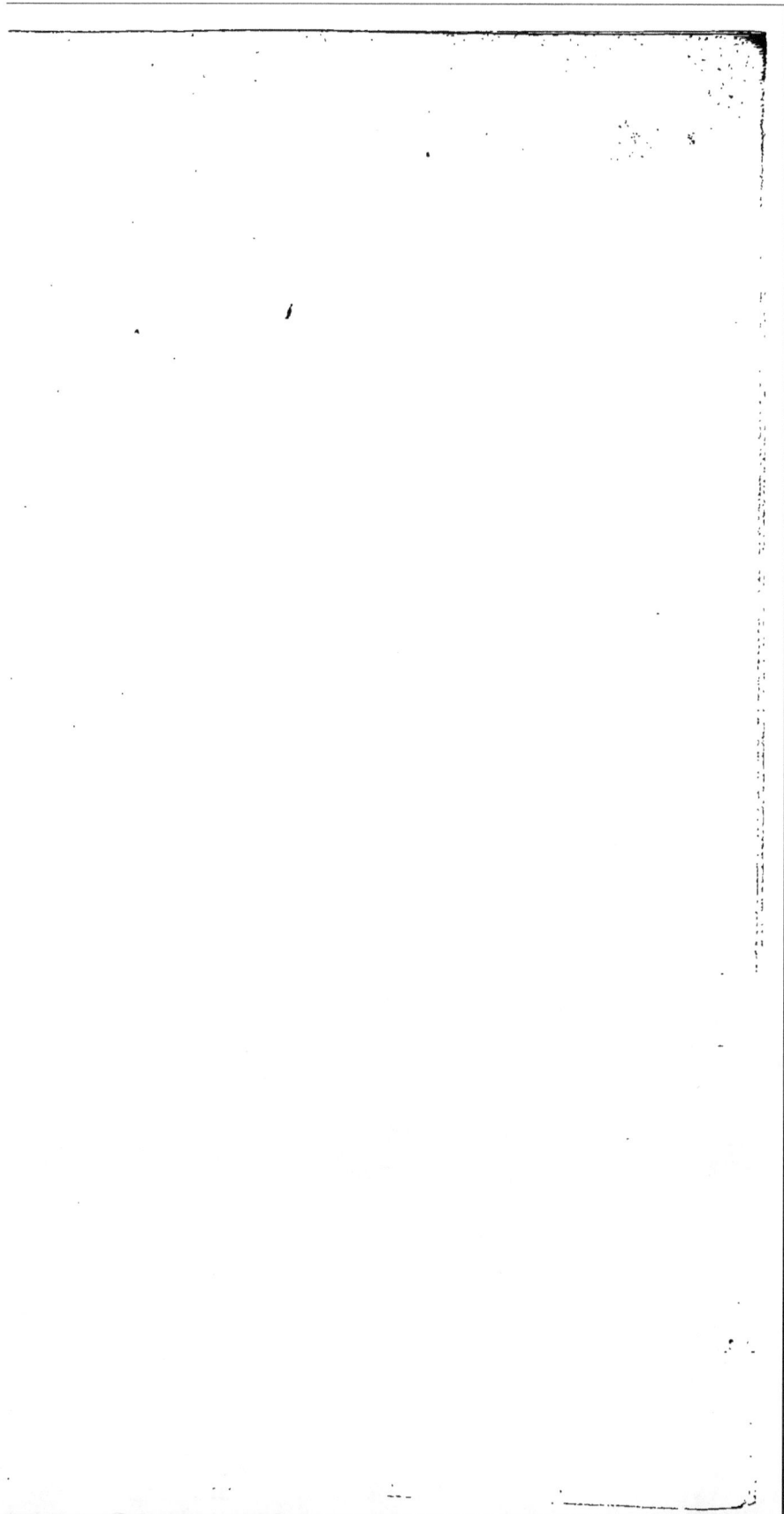

www.ingramcontent.com/pod-product-compliance
Lightning Source LLC
Chambersburg PA
CBHW050117210326
41519CB00015BA/4001